Neil Clark Warren

Wohin mit der Wut im Bauch?

Vom Umgang mit Ärger, Frust und Aggressionen

Neil Clark Warren

Wohin mit der Wut im Bauch?

Vom Umgang mit Ärger, Frust und Agressionen

Schulte & Gerth

Die amerikanische Originalausgabe erschien im Verlag
Focus on the Family, Colorado Springs, Colorado
unter dem Titel „Make Anger Your Ally".

Aus dem Amerikanischen übersetzt von Detlev Stieghorst

Best.-Nr. 15 306
ISBN 3-89437-306-7
1. Auflage 1994
Umschlagfoto: Tony Stone
Umschlaggestaltung: Ursula Stephan
Satz: Die Feder GmbH, Wetzlar
Druck und Verarbeitung: Ebner Ulm
Printed in Germany

Für Marilyn –
die mir geholfen hat, meinen Ärger zu gebrauchen
und so meine Ziele zu erreichen

Inhalt

Einleitung 11

Erster Teil:
Fehlreaktionen im Umgang mit Ärger

Ich? Probleme mit Ärger? 23
Fehlreaktion 1: Explodieren
Manchmal dreh' ich einfach durch 26
Ärger explosiv entladen 29
Mit Worten um sich schlagen 32
Die Folgen einer explosiven Entladung 36
Therapie für den „Explodierer" – Erste Lösungsansätze 42
Ich bekomme, worum ich bitte, aber nicht, was ich will 47
Fehlreaktion 2: Somatisch reagieren
Meine Gesundheit ist am Ende,
aber Ärger kenne ich nicht 50
Groll wirkt im Körper wie Säure 53
Es nagt im Inneren 55
Könnte es sein, daß wir lernen, krank zu werden? 59
Fehlreaktion 3: Sich selbst bestrafen
Wenn etwas falsch läuft, ist es fast immer meine Schuld 62
Wenn sich der Ärger gegen die eigene Seele wendet 66
Depression – Eine nationale Epidemie 68

Wenn das Leben kaum der Mühe wert ist 70
Fehlreaktion 4: Verheimlichen
Ich habe keine Freunde, denn niemand ruft mich an 72
Der indirekte Ansatz 75
Mach's nicht offen, aber erwisch sie richtig 77
Der raffinierte Schmoller – Ein Meister seines Fachs 79
Sarkasmus – Die Kunst, mit Pfeilen zu schießen 82

Zweiter Teil:
Warum wird Ärger so sehr mißverstanden?

Ärger richtig einschätzen lernen 87
Was ist eigentlich Ärger? 89
Wie unterscheidet sich Ärger von Aggression? 92
Selbst Fachleute verwechseln Ärger mit Aggression 94
Worin unterscheidet sich Ärger von Feindseligkeit und Haß? 98
Was läßt mich aggressiv handeln? 100
Warum entscheide ich mich manchmal dafür zu explodieren? 103
Muß ich es sagen, wenn ich verärgert bin? 106
Muß ich mich schämen, wenn ich Ärger empfinde? 109
Woher wissen Sie, ob Ihre Thesen über den Ärger stimmen? 112
Die Lehre der Bibel über den Umgang mit Ärger 115

Dritter Teil:
Ein Trainingshandbuch

Wie Sie im Umgang mit Ihrem Ärger Experte werden können 121
Prinzip 1: Das Selbstwertgefühl stärken
Das beste Fundament: Ein solides Selbstbild 123
Die entscheidende Dynamik: Bedingungslose Liebe 125
Kontakt zu Menschen, in deren Nähe Sie sich wohlfühlen 129

Eine enge Freundschaft mit sich selbst 131
Prinzip 2: Ziele neu formulieren
Überprüfen Sie Ihre Wertvorstellungen in bezug auf Ärger 134
Ein Brief an mich selbst 138
Prinzip 3: Die „innere Antenne" benutzen
Achten Sie auf Ihre Gefühle 141
Führen Sie ein Ärgertagebuch 144
Das Ziel: Ärger schon beim ersten Anzeichen erkennen 147
Prinzip 4: Bewußt nachdenken
Bringen Sie Ihr Gehirn auf Touren 151
Bei „Explosionsgefahr" jede Reaktion verzögern 153
Ein Schlüsselwort als Auslöser für das Alternativprogramm 155
Wie man eine konstruktive Alternative entwickelt 157
Warum bin ich ärgerlich? 159
Was möchte ich jetzt erreichen? 162
Wie kann ich bekommen, was ich will? 165
Marthas und Bills Strategien auf dem Weg zum Ziel 169
Drücken Sie den Start-Knopf 172
Prinzip 5: Die Vergangenheit zurücklassen
Lernen Sie, dem „Mistkerl" zu vergeben 174
Was empfindet der andere jetzt? 177
Das Gefühl, es geschafft zu haben 181
Falls Sie wirklich nicht frei werden können, suchen Sie eine gute Therapie 183
Eine Welt, die ihren Ärger beherrschen kann 186

Anhang

Anmerkungen 193
Über den Autor 195

Einleitung

Jedes Jahr werden fast zwei Millionen Amerikanerinnen von ihren Ehemännern verprügelt. Und überraschenderweise wird auch eine nennenswerte Anzahl von Männern von ihren Frauen geschlagen. Schätzungsweise eine Million Kinder erleiden körperliche Mißhandlungen durch ihre Eltern. Außerdem gelangen zunehmend Berichte an die Öffentlichkeit, wie ältere Menschen von ihren erwachsenen Kindern mißhandelt werden. Gewalt in der Familie könnte, wenn man Polizeistatistiken und wissenschaftliche Studien zugrundelegt, das meistverbreitete Verbrechen in Amerika sein (*Theology, News and Notes,* Juni 1982, Leitartikel).

Wayne Woodrow Hayers (65), 25 Jahre lang autokratischer Football-Trainer im Bundesstaat Ohio, wurde gefeuert, nachdem er einen gegnerischen Spieler tätlich angegriffen hatte. Gewaltausbrüche waren das Markenzeichen seiner Trainerkarriere. „Woodys Vorstellung davon, wie man sich abreagiert", sagte ein Bekannter einmal, „ist, jemanden zu schlagen." „Wenn wir ein Spiel verlieren, ist niemand wütender auf mich als ich selber", sagte er vor fünf Jahren. „Wenn ich morgens in den Spiegel sehe, möchte ich am liebsten ausholen und mir selbst einen Kinnhaken verpassen." Und das waren keine leeren Worte. Nach der Niederlage gegen Iowa 1963 schlug Hayes sich mit einem großen Ring an der linken Hand immer wieder ins Gesicht. Während er am Spielfeldrand auf und ab ging, biß er sich manchmal in den Handballen, bis es blutete. Selbst ein Herzanfall im Jahr 1974 brachte Hayes nicht dazu, ruhiger zu werden (*Time,* 15. Januar 1979).

1980 geschah in Amerika alle 24 Sekunden ein Gewaltverbrechen. Alle 23 Minuten wurde jemand ermordet, insgesamt 82088 Vergewaltigungen wurden registriert, alle 58 Sekunden geschah ein Raub und alle 48 Sekunden ein schwerer tätlicher Angriff. In mehr als 50% der Mordfälle war der Täter ein guter Bekannter des Opfers, und in diesen Fällen ging der Tat gewöhnlich eine heftige Auseinandersetzung voraus (Federal Bureau of Investigation: *Crime in the United States: Uniform Crime Reports*).

Sexuelle Angriffe auf Frauen – ebenso verbreitet wie beunruhigend – verzeichnen eine steigende Tendenz. Doch sie gehören immer noch zu den Fällen, die am seltensten zur Anzeige gebracht werden.

- Jede Stunde werden 16 Frauen von Vergewaltigern angegriffen; alle sechs Minuten wird eine Frau vergewaltigt.
- Jedes Jahr werden drei bis vier Millionen Frauen verprügelt; alle 16 Sekunden wird eine Frau geschlagen.
- Drei von vier Frauen werden im Laufe ihres Lebens Opfer von mindestens einem Gewaltverbrechen.
- Mehr als eine Million Frauen brauchen jedes Jahr ärztliche Hilfe, nachdem sie geschlagen wurden.

In den Vereinigten Staaten ist die Zahl der Vergewaltigungen dreizehnmal so hoch wie in Großbritannien, viermal so hoch wie in Deutschland und mehr als zwanzigmal so hoch wie in Japan (*Newsweek,* 16. Juli 1990).

Wenn Menschen ärgerlich und zornig werden, sind die Ergebnisse fast immer negativ, wenn nicht beängstigend. Doch ist daran nicht der Ärger schuld. Im Gegenteil glaube ich, daß Ärger eine Fähigkeit ist, die Gott uns geschenkt hat – eine neutrale Kraft mit großartigem Potential. Wenn Menschen lernen, schöpferisch mit ihrem Ärger umzugehen, können sie die negativen Auswirkungen verhindern. Ich glaube sogar, daß Menschen frei werden, richtige Freude zu erleben, wenn sie lernen, ihren Ärger konstruktiv zu nutzen.

Verstehen Sie mich bitte nicht falsch. Ich übersehe die verheerenden Auswirkungen eines falschen Umgangs mit Ärger nicht. In den letzten Jahren habe ich Tausende von Stunden damit verbracht, ganz persönlich mit Menschen über ihre Probleme zu reden, und ich bin überzeugt, daß kein Problem so viel Schmerz und Sorge verursacht wie Ärger. Ich habe zusehen müssen, wie eine Ehe nach der anderen auseinanderbrach, weil zwei Menschen nicht wußten, wie sie ihren Ärger konstruktiv nutzen sollten. Ich habe miterlebt, wie Patienten in einem Wutanfall ihre Kinder mißhandelten, Streit mit vorbeikommenden Autofahrern anfingen, Selbstmordpläne faßten oder sogar den Ehepartner, der sie abgewiesen, oder den Kollegen, der sie überflügelt hatte, ermorden wollten. Die Fähigkeit, richtig mit Ärger umzugehen, ist in unserer Gesellschaft erschreckend unterentwickelt.

Doch so muß es nicht sein. Wir erlernen unsere Art, mit Ärger umzugehen; sie ist uns nicht angeboren. Wir können sie also verändern. Meinen Klienten sage ich: „Sie können Ihren Ärger konstruktiv nutzen. Sie können sogar *Herr* Ihres eigenen Ärgers werden! Ärger gehört zwar unausweichlich zu Ihrem Leben dazu, aber wie Sie damit umgehen, ist Ihre Sache. Wenn Sie lernen, Ihren Ärger möglichst vorteilhaft zu gebrauchen, kann er ihnen sogar helfen, in der Beziehung zu anderen und zu sich selbst einen hohen Grad an Sinn und Erfüllung zu finden."

Und dann leite ich sie durch den sorgfältig ausgearbeiteten Prozeß, der in diesem Buch dargestellt wird. Jeder Schritt soll ihnen helfen, Ärger so zu nutzen, daß sie besser mit dem Leben fertig werden. Ärger läßt sich aus unserer Erfahrung nicht ausschalten, aber er läßt sich zähmen. Und dann, nach harter Arbeit, kann er eine Dynamik bekommen, die uns hilft, ein erfülltes und zufriedenes Leben zu führen.

Worum es in diesem Buch geht

Dieses Buch enthält eine Anzahl von Gedanken über Ärger und Aggression, die dem allgemein verbreiteten Denken völlig widersprechen. Vielleicht werden Sie mehr als einmal entsetzt sein, wenn Sie auf diese neue Sicht des Ärgers stoßen.

Fünf Punkte bilden die Grundlage des hier dargestellten Systems:

1. *Ärger ist keine unmittelbare Gefühlsregung, sondern wird im Normalfall als fast automatische innere Reaktion auf Verletzung, Frustration oder Furcht erlebt.* Wir alle haben die Fähigkeit, Ärger zu empfinden. Er gehört so selbstverständlich zu uns wie das Atmen und ist völlig berechtigt. Er ist eine innere Reaktion, die uns darauf vorbereitet, schmerzhafte, frustrierende oder beängstigende Erfahrungen zu bewältigen. Wenn Ärger sinnvoll genutzt wird, hilft er uns beträchtlich, uns mit der Ursache schmerzhafter Erfahrungen in unserem Leben auseinanderzusetzen.

2. *Ärger ist ein Erregungszustand unseres Körpers. Nichts weiter.* Diese Aussage unterscheidet sich gewaltig vom üblichen Verständnis. Die meisten Menschen verwechseln den Begriff „Ärger“ mit allen möglichen anderen Begriffen. Doch in Wirklichkeit ist Ärger einfach ein Zustand körperlicher Bereitschaft. Wenn wir ärgerlich sind, bereiten wir uns einfach darauf vor, zu handeln.

Der Wert des Ärgers wird dadurch bestimmt, wie er ausgedrückt wird. Er läßt sich gebrauchen, um Dinge in Ordnung zu bringen oder um alles und jeden in nächster Nähe zu vernichten. Diese unterschiedliche Art der Reaktion ist vom Ärger selbst unabhängig.

3. *Ärger und Aggression sind verschieden.* Häufig unterscheidet man nicht zwischen Ärger und Aggression. Man stellt sich vor, daß ein verärgerter Mensch mit den Händen fuchtelt, laut redet, alle möglichen bitteren Worte von sich gibt und vielleicht sogar kurz davor steht, gewalttätig zu werden.

Dies beschreibt jedoch nur eine *Ausdrucksform* für Ärger, die man als Aggression bezeichnet, nicht den Ärger selbst. Angesichts dieser Verwechslung ist es kein Wunder, daß so viele Menschen negativ über Ärger denken.

Ich will es noch einmal betonen: Ärger ist einfach ein körperliches Vorbereitet-Sein. Er gibt Ihnen die Fähigkeit, in bezug auf die Situation zu handeln, die Sie in Aufruhr versetzt hat.

Aggression ist dagegen fast immer destruktiv. Es ist eine Tragödie, wenn man Ärger in Aggression münden läßt. Das ist so, als würde man seine besten Kräfte vergeuden, als würde man durch Atomenergie Menschen vernichten, statt sie zu nutzen, um das Leben von Millionen Menschen lebenswerter zu machen.

Ich bin Gegner fast allen aggressiven Verhaltens. In diesem Buch vertrete ich immer die Auffassung, daß Aggression gewöhnlich langfristige negative Folgen hat. Ich wende mich gegen *jeden* Ausdruck von Ärger, der nur dazu da ist, anderen Menschen körperlichen oder seelischen Schmerz zuzufügen. Ich habe etwas gegen jede Form von Bitterkeit, Gemeinheit oder Spott – ob mit Worten oder Taten.

4. *Art und Weise, wie wir mit Ärger umgehen, ist erlernt.* Diese Tatsache eröffnet uns unbegrenzte Möglichkeiten. Egal wie Sie Ihren Ärger in der Vergangenheit ausgedrückt haben, diese Verhaltensmuster können Sie ändern. Sie können völlig neue Wege lernen, sich Ihren Ärger zunutze zu machen. Er kann buchstäblich Ihr hilfreichster Verbündeter werden.

Sorgfältige psychologische Forschungen zeigen, daß die meisten Menschen lernen, ihren Ärger auszudrücken, wenn sie noch sehr jung sind. Der Lernvorgang wird im wesentlichen durch zwei Faktoren geprägt: durch Vorbilder und durch Verstärkung.

Lernen durch Vorbilder bedeutet zu beobachten, wie andere Menschen ihren Ärger ausdrücken, vielleicht Eltern, ältere Geschwister, Freunde oder Personen in einer Fernsehserie.

Die meisten gewalttätigen Menschen hatten ein oder mehrere gewalttätige Vorbilder. Ein hoher Prozentsatz dieser Menschen kommt aus Familien, in denen ein Mitglied gewalttätig war. Doch auch Zeitungen oder Unterhaltungssendungen sind voller Aggressionen. Studien zur Gewalt im Fernsehen haben ermittelt, daß stündlich etwa sieben gewalttätige Angriffe gezeigt werden und über 80 % aller Sendungen Gewalt in irgendeiner Form enthalten.

Lernen durch Verstärkung hat einfach mit den unmittelbaren Auswirkungen des Verhaltens zu tun. In unserer Kultur wird der aggressive Ausdruck von Ärger gewöhnlich verstärkt. Die Menschen ändern sich, wenn man sie anschreit – wenigstens für ein paar Minuten. Langfristig hat das Anschreien negative Auswirkungen, doch das in jungen Jahren erlernte Verhaltensmuster wird von langfristigen Folgen kaum beeinflußt.

5. Die Ausdrucksform Ihres Ärgers können Sie unter Kontrolle bekommen. Durch den gezielten Einsatz Ihrer Verstandeskräfte können Sie die Fähigkeit entwickeln, Ihren Ärger so zu nutzen, daß Sie auch mit schweren Problemen richtig umgehen können.

Dieses Buch wird Ihnen helfen, Ihre Fähigkeit zu mobilisieren, unter Streß zu denken. Sie werden lernen, wie man destruktive Ausdrucksformen von Ärger abstellen und sich statt dessen neue Verhaltensweisen angewöhnen kann. Diese neuen Verhaltensweisen sind darauf ausgerichtet, Probleme zu lösen und Möglichkeiten für ein sinnvolles, fruchtbares und erfülltes Leben zu schaffen.

Dies sind meine Hauptanliegen, die alle zu folgender Einsicht führen: Ärger bietet ein Fülle von Möglichkeiten. Er kann in Ihrem Leben ein Chaos anrichten, oder Sie können lernen, ihn auf höchst konstruktive Weise auszudrücken. Er kann Ihnen die nötige Kraft geben, um beschwerliche Hindernisse aus dem Weg zu schaffen. Sie können gezielt vorwärtsgehen, wenn Sie gelernt haben, Ihren Ärger effektiv einzusetzen.

Doch es erfordert harte und konzentrierte Arbeit, ein Experte im Umgang mit dem Ärger zu werden. Alles, was Sie dazu wissen müssen, können Sie in diesem Buch erfahren. Und wenn Sie sich regelmäßig darin üben, werden Sie lernen, diese Gefühlsregung für die konstruktiven Ziele in Ihrem Leben zu nutzen.

Ärger: Eine der größten Herausforderungen

Weil jeder Mensch einen Körper hat, der sich bei Herausforderungen aller Art automatisch zum Handeln bereit macht, empfindet jeder Mensch auch Ärger. Ärger ist wie eine innere Sprungfeder, die es Ihnen ermöglicht, auch mit den schwierigen und bedrohlichen Dingen des Lebens fertigzuwerden.

Jeder von uns wird ärgerlich. Gott sei Dank! Denn sonst würden wir jeder Art von Verletzung oder Frustration schutzlos gegenüberstehen. Wenn wir ärgerlich werden, steht uns eine enorme Kraft zur Verfügung. Und unsere Entscheidung, was wir mit dieser Kraft tun wollen, bringt uns wie eine Rakete entweder zu einer friedlichen Problemlösung oder zur Zerstörung.

Die meisten Menschen wissen nicht, was sie mit all dieser Kraft anfangen sollen. Sie haben durch Eltern, Lehrer, Pastor oder Hausarzt praktisch keine Hilfe in diesem Punkt bekommen und stehen hier fast immer vor einem Rätsel. Sie haben es satt, so oft ärgerlich zu werden – und sich so hilflos zu fühlen, wenn es darum geht, weise mit diesem Gefühl umzugehen.

Wir müssen unseren Ärger effektiv gebrauchen, damit wir uns besser umeinander kümmern können. Und darum soll es in diesem Buch gehen – Ärger, der in einen Verbündeten verwandelt wird. Im ersten Teil geht es um den falschen Umgang mit Ärger, um Reaktionen, die uns typischerweise in Schwierigkeiten bringen. Im zweiten Teil möchte ich die Mißverständnisse im Zusammenhang mit Ärger ausräumen. Ich möchte sicher sein, daß Sie genau verstehen, was Ärger ist, woher er kommt und wozu er gut ist. Der dritte Teil enthält ausführliche Prinzipien, durch die Sie lernen können, Ärger zu beherrschen.

Wie gefährlich die Gefühlsregung ist, die wir in den Griff bekommen wollen, wissen wir:

- Wenn man so tut, als ob man keinen Ärger empfindet und ihn zu begraben versucht, kann er einen selbst – buchstäblich – unter die Erde bringen, indem er einen Herzinfarkt oder einen Schlaganfall auslöst.
- Wenn man ihn auf falsche Weise abreagiert, kann er die Ehe zerstören, das Verhältnis zu den Kindern belasten oder den Arbeitsplatz in Gefahr bringen.
- Wenn man zuläßt, daß er sich gegen einen selbst richtet, kann er das Selbstwertgefühl zerstören und alle möglichen seelischen Leiden verursachen.
- Wenn man es nicht schafft, ihn in den Griff zu bekommen, kann er zu Groll werden; und wenn das geschieht, entwikkelt man sich zu einem feindseligen, negativen und unausstehlichen Menschen.

Wie schwer es ist, Ärger zu beherrschen und weise zu gebrauchen, weiß ich aus eigener schmerzlicher Erfahrung. Ich bin in meinem Leben durch eine harte Zeit gegangen, bevor ich diese Gefühlsregung in den Griff bekam.

Das Wort „Ärger“ hatte in der Umgebung, in der ich aufwuchs, einen negativen Beigeschmack. Es war einfach nicht in Ordnung, Ärger zu haben. Wenn ich ärgerlich wurde, kamen die Schuldgefühle direkt hinterher.

Es wurde praktisch für unmöglich gehalten, Ärger auch konstruktiv nutzen zu können. Soweit ich mich erinnern kann, hat sich eigentlich niemand auch nur zwei Minuten Zeit genommen, um mir etwas über die positiven Seiten des Ärgers nahezubringen.

Man brachte mir bei, meinen Ärger zu verleugnen und so zu tun, als hätte ich keine Probleme damit, um jeden, mich selbst eingeschlossen, zu täuschen. Und das tat ich dann auch – mit großem Erfolg.

Schließlich entdeckte ich, daß die Fähigkeit zum Ärger eine ganz natürliche biologische Komponente ist. Doch diese Tatsache wurde mir nur sehr langsam bewußt. Auch als ich längst erwachsen war, wirkte der Gedanke, daß die Ausdrucksform von Ärger erlernt wird und sich durch Übung ändern läßt, auf mich völlig neu und unerprobt.

Nun kann ich die Resultate genießen, die sich durch disziplinierte Bemühungen in diesem Bereich erzielen lassen. Ich kenne den Lohn für konstruktiv ausgedrückten Ärger aus eigener Erfahrung. Wenn wir ärgerlich werden, steht uns die gesamte Kraft unserer Persönlichkeit zur Verfügung. Wir haben die Voraussetzung, entschieden auf eine Problemlösung hinzuarbeiten und mit dem Ursprung unseres Schmerzes fertigzuwerden. Statt unseren Ärger zu verleugnen, können wir lernen, souverän mit ihm umzugehen.

Martin Luther war für seine Fähigkeit bekannt, effektiv mit seinem Ärger umzugehen. Er sagte: „Wenn ich ärgerlich bin, kann ich gut schreiben, beten und predigen, denn dann ist mein gesamtes Temperament beflügelt, mein Verstand geschärft und alle irdischen Plagen und Versuchungen sind verschwunden.“ Und ich bin überzeugt, daß wir alle lernen können, unseren Ärger so zu gebrauchen wie Luther.

Eine meiner Lieblingsgeschichten über den Ärger als Verbündeten stand am 2. Dezember 1984 in der *Los Angeles Times*; der Autor heißt Andy Furiolo. Es ist die Geschichte über eine ältere Dame namens Deborah Larbalestrier, die in einem Stadtteil von Los Angeles lebte, der eine besonders hohe Verbrechensrate hatte. Angesichts der Raubüberfälle und anderen Verbrechen in ihrer Straße hatte sie sich immer hilflos und ängstlich gefühlt. Doch vor zwei Jahren beobachtete sie drei Jungen im Teenageralter, die versuchten, am hellichten Tag den Wagen ihres Nachbarn zu stehlen, obwohl sie ihnen dabei zuschaute. Sie war außer sich und entschied, einzugreifen. Hier ist der Rest des Zeitungsberichts:

„Ich ging mit einem Stock hinaus und sagte zu ihnen: ‚Wie könnt ihr mich nur so beleidigen! Ihr klaut dieses Auto direkt vor meiner Nase, so als ob ich gar nicht da wäre.‘

Die Teenager rannten fort, doch Frau Larbalestrier wollte sicherstellen, daß sie nicht zurückkommen würden. Deshalb rief sie alle Bewohner ihres Wohnblocks zu einem Treffen zusammen und sagte ihnen: ‚Wir sind zu Gefangenen in unseren eigenen Wohnungen geworden ... Wir müssen unsere Wohngegend wieder zurückerobern.‘

Anschließend machte sie sich auf den Weg zur Polizeistation, um einen privaten Wach- und Schutzverein für ihre Wohngegend zu organisieren."

Als dieser Artikel geschrieben wurde, hatte es seit eineinhalb Jahren kein einziges Verbrechen mehr in diesem Wohnblock gegeben.

Auf diese Weise kann Ärger zu einem Werkzeug konstruktiver Veränderungen in unserem Leben werden, statt sich in ohnmächtiger Wut zu entladen.

Und das ist die Herausforderung, um die es in diesem Buch geht: zu lernen, wie wir unsere mächtigste Gefühlsregung nutzen können, um unser Leben bedeutend besser zu gestalten.

Erster Teil

Fehlreaktionen im Umgang mit Ärger

Ich? Probleme mit Ärger?

Wenn man lernen will, effektiv mit Ärger umzugehen, muß man zunächst feststellen, wie man im Augenblick damit umgeht. Stellen Sie sich diese wirklich wichtige Frage: Ist Ärger ein Problem für mich?

Wenn Sie regelmäßig an die Decke gehen oder fürchten, Sie könnten es tun, oder wenn andere Menschen in Ihrer Umgebung so reagieren, ist Ärger für Sie eine ständige Bedrohung. Es kommt völlig unerwartet – das Hämmern mit der Faust, der Schlag ins Gesicht, das laute Fluchen, die bittere Abfuhr. Ich nenne diese Menschen „Explodierer".

Es ist egal, auf welcher Seite der Explosion Sie stehen: Sie haben ein Problem.

Wenn Sie *nie* ärgerlich werden und es *nie* sein werden, haben Sie unter Umständen doch ein gewaltiges Problem mit Ärger, besonders wenn Sie Magengeschwüre, hohen Blutdruck, Kopfschmerzen oder andere Leiden ungeklärter Ursache haben. Sie reagieren somatisch. Sie benutzen Ihr Soma (das griechische Wort für „Körper"), um Ihren Ärger auszudrücken. Und wenn das so ist, sollten Sie auf der Hut sein.

Oder Sie sind vielleicht einer von diesen zurückhaltenden Menschen, die niemals ärgerlich werden, aber chronisch depressiv sind. Beim kleinsten Fehler werden Sie todunglücklich und bedrückt. Sie sind ein „Selbstbestrafer", auch wenn Sie das eigentlich gar nicht wollen oder wenn es Ihnen gar nicht bewußt ist. Tatsache ist, daß Sie häufig depressiv sind – und die Art und Weise, wie Sie mit Ärger umgehen, ist wahrscheinlich der Grund dafür.

Wenn Sie mit einem depressiven Menschen zusammenleben, wissen Sie, wie frustrierend das sein kann. In der einen Minute sind Sie zutiefst besorgt, doch im nächsten Augenblick würden Sie ihn am liebsten richtig durchschütteln. Sein Ärger – mit dem er so falsch umgeht – bringt Sie zum Kochen.

Viele andere Menschen, die sich angeblich nie ärgern, drücken ihren Ärger in einer Weise aus, die nur von einem Hellseher durchschaut werden könnte. Dabei hat man das unbestreitbare Gefühl, daß „Dolche" durch die Luft fliegen. Solche Menschen nenne ich „Heimlichtuer".

In ihrer spiegelglatten, fast unsichtbaren Weise verfolgen sie unerbittlich ihr Ziel. Sie können auf hundert verschiedene Arten zustoßen. Einige versuchen, andere Menschen depressiv zu machen. Sie lassen kaum getarnte negative Bemerkungen fallen, über ihre Pläne fürs Wochenende, den Lehrer ihres Kindes, ihren Pastor, den Chef ihres Ehemanns oder ihren Ehemann selbst. Immer wieder dringt ihr Ärger an die Oberfläche. Sie haben Probleme mit Ärger, ob sie es wissen oder nicht.

Solche „Heimlichtuer" sind auch Menschen, die schmollen, die schlecht verlieren können, die immer anderen die Schuld geben oder sich ständig selbst bedauern. Wenn Sie einer von diesen Menschen sind oder mit einem von ihnen zusammenleben, ist Ärger auch für Sie ein Problem.

Für einige von uns verdunkelt der Schatten des Ärgers jeden Moment des Lebens. Wer Kinder oder Frau schlägt oder von Vater, Mutter oder Ehemann geschlagen wird, den verfolgt das Problem des Ärgers Tag und Nacht.

Tatsache ist, daß die meisten von uns unbedacht mit ihrem Ärger umgehen und angespannte Situationen dadurch oft noch schwieriger machen. Statt uns unseren Zielen näherzubringen, wird der Ärger selbst eines unserer größten Probleme. Manchmal haben wir nicht die leiseste Ahnung, welche Rolle Ärger in unserem Leben spielt. Es ist schwierig, ein klares Bild davon zu bekommen, wie wir sind, wenn wir ärgerlich reagieren. Im ersten Teil dieses Buches werde ich Ihnen einige Menschen vorstellen, die auf eine dieser vier Arten mit ihrem Ärger umgegangen sind. Ich schlage Ihnen vor, die Strategie dieser Menschen mit Ihrer eigenen zu vergleichen.

Fehlreaktion 1: Explodieren

Manchmal dreh' ich einfach durch

„Natürlich werde ich manchmal ärgerlich." Jerry Lynch versuchte, es mir verständlich zu machen. „Wenn ich nach Hause komme, will ich nichts als ein bißchen Ruhe. Doch dann fangen die Kinder an zu schreien und zu kreischen und rennen durchs ganze Haus. Meistens warne ich sie zuerst. Aber wenn sie nicht aufhören, dreh' ich manchmal einfach durch."

Jerry war ein 32jähriger Zimmermann – ein kleiner, kräftiger Mann, sonnengebräunt, mit einer Tätowierung auf dem linken Unterarm.

„Jeden Tag rackere ich mich ab, doch bei aller Arbeit haben wir nie genug Geld. Die Kinder brauchen immer etwas, das Auto muß repariert werden, oder das Dach wird auf einmal undicht. Ich stehe ganz schön unter Druck."

Kathy, Jerrys Frau, hatte ihn ermutigt, zu mir zu kommen. Seine Wutausbrüche waren in den vergangenen Monaten häufiger aufgetreten, und sie hatte Angst bekommen. Zweimal war Jerry dabei völlig außer Kontrolle geraten. Kathy hatte schließlich allen Mut zusammengenommen und einen befreundeten Pastor angerufen, der sie an mich verwiesen hatte.

In zwei Sitzungen erzählte Kathy mir eine Menge über

Jerry. „Alle unsere Freunde lieben ihn", erklärte sie. „Meistens ist er einer der nettesten Menschen der Welt, aber dann explodiert er plötzlich aus heiterem Himmel. Dabei schreit er herum und flucht, und in letzter Zeit hat er die Kinder häufig sogar geschlagen. Mich hat er auch schon in einer Weise bedroht, die mir Angst macht. Er hat wegen seiner Wutanfälle schon zwei Jobs verloren, und ich fürchte, in seinem jetzigen Job steckt er auch schon wieder in Schwierigkeiten."

Bei unserem ersten Treffen erzählte mir Jerry schließlich seine Geschichte. Sein Vater war Fernfahrer gewesen – ein harter Einzelgänger, der in Jerrys Kindheit selten zu Hause gewesen war. Jerry hatte seinen Papa vergöttert, doch der hatte sich kaum um ihn gekümmert. Manchmal hatte er ihn mit einem Lederriemen geschlagen, und diese Erfahrung hatte Jerry Angst gemacht. Seine Mutter war eine engagierte Christin, die ihn und seine jüngeren Geschwister mindestens zweimal in der Woche mit in die Gemeinde nahm.

Jerry berichtete mir, daß er sich als Junge oft geprügelt hatte. „Einmal ist es in der Sonntagsschule passiert, und ich weiß noch, wie der Lehrer mich eine halbe Stunde länger dabehalten hat, um mit mir zu reden. Er sagte mir, daß Gott nicht will, daß wir ärgerlich werden – daß es eine Sünde ist. Und er meinte, ich solle daran arbeiten, meine Wutanfälle loszuwerden. Danach bin ich nur ganz selten in eine Prügelei geraten. Aber wütend wurde ich immer noch oft. Ich mußte schon meine ganze Kraft aufbieten, um mich nicht zu prügeln."

Jerry und Kathy heirateten, als er 19 und sie 18 war. Zuerst lief alles ganz gut.

„Kurz nachdem Chuckie geboren war", Jerry sprach jetzt ganz langsam, als ob er sich seit Jahren zum ersten Mal daran erinnerte, „begann sie sich zu beschweren, daß ich mich nicht um sie kümmerte. Sie sagte, ich würde sie ständig unterdrükken und mit meinen bissigen Bemerkungen fertigmachen. Nach einigen Monaten hatte sie sich so hineingesteigert, daß wir zu einem Eheberater gegangen sind.

Wir waren nur vier- oder fünfmal bei ihm. Er meinte, ich hätte eine Menge Ärger in mir, und betonte immer wieder, daß ich ihn rauslassen müßte, weil er sonst später in viel schlimmerer Weise ausbrechen würde.

Und das habe ich versucht – ihn herauszulassen, wenn ich ihn fühle. Und jetzt ist Kathy wieder ganz beunruhigt . . . sie droht mir, mich zu verlassen, wenn ich meine Wut nicht in den Griff bekomme.

In der Sonntagsschule hat man mir gesagt, ich solle aufpassen, daß ich nicht wütend werde, und der Berater sagte mir, ich solle meinen Ärger herauslassen. Wem soll ich nun glauben?“

Fehlreaktion 1:
Explodieren

Ärger explosiv entladen

Jerry Lynch war in großen Schwierigkeiten, weil er regelmäßig explodierte, wenn er ärgerlich wurde. Er hatte zwei Arbeitsstellen verloren, zwei seiner Kinder in die Notaufnahme des Krankenhauses bringen müssen, und seine Ehe stand auf dem Spiel, weil er sich nicht beherrschen konnte.

In diesen wilden, launenhaften Augenblicken schien es, als könnte er sich nicht beherrschen, als wäre diese furchterregende Kraft in ihm nicht zu zügeln.

Der Ablauf ist ziemlich typisch. Zuerst sind da einige ungünstige Umstände. Sie sind erschöpft, entmutigt oder unglücklich. Heute nachmittag oder diese Woche oder seit Sie diesen Job haben oder solange Sie denken können, ist alles verkehrt gelaufen.

Und dann kommt der Auslöser. Manchmal können Sie fühlen oder sogar sehen, wie es kommt. Die Kinder können sich nicht benehmen. Ihr Chef läßt Sie nicht in Ruhe. Ihre Frau hört nicht auf zu nörgeln. Der Verkehr kommt nicht von der Stelle. Das Auto springt mal wieder nicht an. Im Briefkasten finden Sie die dritte Mahnung. Es könnte auch eine Million anderer Dinge sein.

Ihr Adrenalinpegel steigt. Sie fühlen, wie Sie die Zähne zusammenbeißen. Ihre Muskeln verkrampfen sich. Der Magen zieht sich zusammen. Das Herz schlägt schneller. Ihre Hände ballen sich zu Fäusten. Nacken und Stirn werden heiß. Innerlich beben sie.

Für den Bruchteil einer Sekunde versuchen Sie, nicht zu explodieren. Ganz schwach kommt ihnen der Gedanke, Sie sollten weggehen, sich abkühlen, die Beherrschung behalten. Aber sie nörgelt weiter. Und peng! Sie gehen los wie eine Pistole! Jemand hat abgedrückt, der Hahn saust auf den Schlagbolzen zu.

Manchmal erleben Sie die Explosion wie in Zeitlupe. Ihr Bewußtsein nimmt Bruchstücke des Ausbruchs wahr. „Ich weiß, ich stecke jetzt mittendrin. Ich werde mich sofort darum kümmern. Ich glaube, ich weiß, was ich tue."

Und ab und zu hören Sie eine leise Stimme sagen: „Es reicht jetzt!" „Du hast ihr wehgetan." „Du schlägst ihn zu fest." „Paß auf. Du verlierst die Kontrolle."

Aber manchmal können oder wollen Sie nicht aufhören, oder Sie haben Angst, aufzuhören. Sie reden, schlagen oder drohen weiter. Ihr Körper ist auf Automatik geschaltet. Das sind jetzt nicht mehr Sie selbst. Es ist Ihre Maschine, die außer Kontrolle geraten ist. Eine wilde Abfolge von Reaktionen, die Sie gelernt haben, als Sie vier Jahre alt waren, hat jetzt das Kommando übernommen.

Dann merken Sie, wie es sich etwas abkühlt. Sie fühlen sich nicht mehr ganz so angespannt. Sie beginnen, wieder stärker wahrzunehmen, was gerade abläuft. Sie sind zwar noch zu erhitzt, um nachzudenken, aber nicht mehr erhitzt genug, um weiter zu schreien oder auszuholen.

Ihre Atmung ist immer noch unregelmäßig. Sie fühlen noch, wie das Blut durch Arme und Beine pulsiert. Aber Sie treten jetzt einen Schritt zurück.

Und während der nächsten Minuten oder Stunden durchleben Sie die Szene noch unzählige Male. Zuerst versuchen Sie, Ihr Verhalten zu rechtfertigen, aber Sie wissen, daß das nutzlos ist und geben schließlich auf.

Sie versuchen sich zu erinnern, was der Auslöser für die

Explosion war. Dabei stellen Sie fest, daß Sie an diesem Punkt wohl Ihr Gedächtnis verloren haben. Sie wissen, daß Sie keine Beherrschung mehr hatten. In diesem Augenblick spielte es keine Rolle, wo Sie waren, was Sie taten oder mit wem Sie zusammen waren. Sie wollten, daß der andere es mitbekam – daß er sich genauso schlecht fühlte wie Sie.

Aber wenn Sie wie die meisten „Explodierer" sind, dann fangen Sie nach einer Weile an, das Ganze zu vergessen. Es geschieht keine wirkliche Veränderung in Ihnen. Das Verhaltensmuster bleibt.

FEHLREAKTION 1:
EXPLODIEREN

Mit Worten um sich schlagen

Explosionen der Wut entladen sich meist über den Mund. Und dieser verbale Kugelhagel kann genauso tödlich sein wie der aus einer Maschinenpistole.

Diese Explosionen haben gewöhnlich mehrere Ziele, aber ihr eigentlicher Zweck ist fast immer gleich: das Opfer zu bestrafen, es genau zwischen die Augen zu treffen, es fertig zu machen. Ob die Worte dem anderen Schuld aufladen sollen, eine Handlung rechtfertigen oder dem anderen klarmachen sollen, daß Sie nicht mehr stillhalten werden, gewöhnlich enthalten sie eine hohe Dosis giftiger Herabsetzung. „Ich will, daß dieser Kerl sich schlecht fühlt, daß er die Schuld bekommt, daß er zahlen muß."

Worum geht es bei diesen Wortexplosionen? Sie kreisen fast immer um unbefriedigte Bedürfnisse, um das Verlangen, sich ganz, vollkommen oder sicher zu fühlen.

Gewöhnlich zielen wir mit unseren sprachlichen Bomben auf die Menschen, die für die Befriedigung unserer Bedürfnisse am wichtigsten sind. Wenn Sie feststellen, daß Sie regelmäßig bei einer bestimmten Person explodieren, dann fragen Sie sich, welche Ihrer Bedürfnisse diese Person Ihrem Empfinden nach nicht befriedigt! Eine sorgfältige Einschätzung dieser Bedürfnisse ist aufschlußreich, oft in einer Weise, die uns verlegen machen kann. Meist handelt es sich um Bedürfnisse, die unserer Phantasie und den irrationalen Teilen unserer Persönlichkeit entspringen.

Manchmal gehen wir unbewußt davon aus, daß unsere Bedürfnisse, so wie wir sie wahrnehmen, *auf jeden Fall* befriedigt werden müssen. Die ganze Welt sollte sich um uns drehen, für uns sorgen und uns zufriedenstellen. Wenn das nicht geschieht, fühlen wir uns ungerecht behandelt. Wir geben dem anderen die Schuld – und lassen eine gezielte Salve verbaler Attacken auf ihn los, um ihn herabzusetzen. Was wir eigentlich sagen wollen, obwohl wir etwas so Unvernünftiges nie offen aussprechen würden, ist: „Sieh nur zu, daß du meine Bedürfnisse *jederzeit* befriedigst. Das sollte für dich das Allerwichtigste sein."

Manchmal haben wir unbewußt das Bedürfnis, für vollkommen gehalten zu werden. Die Anerkennung der anderen wird für uns zum Götzen. Da wir offenbar annehmen, daß Anerkennung Vollkommenheit erfordert, eine Kritik jedoch auf Schwächen hinweist, explodieren wir bei der kleinsten kritischen Bemerkung. Kritik bedroht das zerbrechliche Gefüge unserer Seele, das davon abhängig ist, daß wir gut genug sind, um die Anerkennung der anderen zu gewinnen.

Einige Fachleute haben die Meinung vertreten, es sei heilsam, Ärger verbal abzureagieren. „Reden Sie es sich von der Seele", sagen sie, „dann wird der angestaute Ärger abgebaut." Damit wollen sie sagen: Wenn Sie Ihren Ärger abreagieren, werden Sie überschüssige aggressive Energie los, und es ist weniger wahrscheinlich, daß Sie in Zukunft Aggression ausdrücken.

Sorgfältige psychologische Forschungen lassen jedoch darauf schließen, daß es so etwas wie einen Vorrat von aggressiver Energie nicht gibt. Die Forschungsergebnisse lassen den Energiegedanken im allgemeinen und besonders die Vorstellung angestauter Energie relativ zweifelhaft erscheinen.

Was noch wichtiger ist: Die überwältigende Mehrheit der psychologischen Forschungen über Ausdrucksformen des Ärgers zeigt, daß aggressives Verhalten nicht zu weniger, sondern zu mehr aggressivem Verhalten führt. Wenn Sie also verbal explodieren, reizt das Ihr Gegenüber zu weiteren Wortgefechten oder zu einer Antwort mit den Fäusten. In einer Studie über Gewalt in amerikanischen Familien[1] hat man 1980 herausgefunden, daß über 80 Prozent der Ehepaare, die sich gegenseitig mit Worten angriffen, schließlich zu körperlicher Gewalt übergingen.

Ich habe selten festgestellt, daß verbale Ausbrüche langfristig irgendeinen konstruktiven Wert hatten, es sei denn im besonders abgesicherten Rahmen einer Therapie. Im Gegenteil führen sie fast immer zu neuen Verletzungen und zusätzlicher Bedrohung.

In der Hitze des Augenblicks, wenn Ihr Körper am Kochen ist, erscheint es jedoch so naheliegend, verbal auf den anderen loszugehen. Ob Ehepartner oder Kind, ob Kollege, Vorgesetzter oder Untergebener, oder vielleicht sogar Gott – wer unsere Bedürfnisse nicht so befriedigt, wie wir es wünschen, oder wer zuviel von uns erwartet und feststellt, daß wir diese Erwartung nicht erfüllen, den wollen wir frontal erwischen. Wir fühlen uns innerlich gedrängt, unseren Ärger herauszulassen, auch wenn die Erleichterung vielleicht nur kurzlebig ist und der Verlust uns noch lange Zeit bedrückt.

So war Sharon Kelly wochenlang über ihren Chef verärgert, bis sie ihm einfach sagte, was sie von ihm hielt. Zwei Wochen später war sie auf der Suche nach einer neuen Arbeitsstelle.

Sharon hatte es genossen, ihn zu beschimpfen. Das Gefühl, alles herauslassen und sich von dem angestauten Groll befreien zu können, hatte ihr gefallen. Wenigstens bis ungefähr 2.15 Uhr in der Nacht, als sie wach wurde und an nichts anderes mehr denken konnte, bis es Zeit wurde, aufzustehen. Und während sie nachdachte, fragte sie sich, ob sie mit ihren Gefühlen nicht auch anders hätte umgehen können.

Sie begann, über den Verlust nachzudenken, denn es bedeutete, ihre Arbeitsstelle aufzugeben – die Menschen, die ihr dort nahestanden, die hervorragende Bezahlung, die Aufstiegsmöglichkeiten, die guten Arbeitsbedingungen. Sie wollte nicht weggehen.

Aber die Entscheidung war bereits gefallen, als Sharon explodiert war. Jetzt hatte sie keine Wahl mehr. Sie hatte sich für eine kurzfristige Erleichterung entschieden und erlebte jetzt einen langfristigen Verlust. Nach meiner Beobachtung ist dies ein tragischer Irrtum, der vielen Menschen unterläuft.

Verbale Explosionen, ob als kurze Attacke oder als lange heftige Auseinandersetzung, sollten als das bezeichnet werden, was sie sind: Aggressionen, die für jede wichtige Beziehung gefährlich sind.

Die Folgen einer explosiven Entladung

Wutausbrüche haben vielfältige Konsequenzen. Nur sehr wenige sind positiv, die meisten negativ.

Auf der positiven Seite habe ich einmal erlebt, wie einer heftigen Explosion der Durchbruch in einer Beziehung folgte. Aber fast immer scheint nicht die Explosion selbst hilfreich gewesen zu sein, sondern der Ausdruck von Gefühlen während der anschließenden Versöhnung.

Außerdem habe ich Menschen kennengelernt, die nach einer Explosion in der Lage waren, destruktive Beziehungen abzubrechen, aus denen sie eigentlich schon vor Jahren hätten aussteigen sollen. Andere haben in einem Augenblick innerer Erhitzung und Leidenschaft lange bestehendes Unrecht wieder in Ordnung gebracht.

Doch in all meinen Jahren als Psychotherapeut habe ich weit mehr negative Folgen gesehen. Zehn dieser negativen Konsequenzen habe ich in eine Rangliste eingestuft, angefangen von der wahrscheinlichsten bis zur unwahrscheinlichsten. Sie können auch in ganz anderer Reihenfolge angeordnet werden, wenn man sie zum Beispiel entsprechend ihrer Schwere bewertet.

1. Verlegenheit und die Notwendigkeit einer Entschuldigung, die an unserem Stolz nagt. Dies ist die wahrscheinlichste und am wenigsten ernste Konsequenz.

„Es tut mir wirklich leid wegen gestern abend. Ich weiß gar nicht, was über mich gekommen ist. Als ich darüber nachdachte, habe ich mich über mein eigenes Verhalten gewundert."

Oder: „Ich bedaure sehr, wie ich mich gestern verhalten habe. Was ich über Sie gesagt habe, entspricht keineswegs meinem wirklichen Empfinden."

Solche Augenblicke kosten uns eine Menge, und ihr Erfolg hängt offensichtlich davon ab, wie selten sie sind.

2. Die verletzte Beziehung. Vielleicht kennen Sie diesen Zustand sehr gut: Die Beziehung zu der Person, die Sie mit Ihren harten Worten oder Taten verletzt haben, wird für eine lange Zeit belastet.

Wenn es Ihr Ehepartner ist, kann es einen Tag oder viel länger dauern. Es hängt davon ab, was und wo Sie es getan haben. Diese Zeit ist sehr schmerzhaft. Der sexuelle Kontakt mag nachlassen, das Gespräch zum Erliegen kommen. Es ist eine kalte, stille Strafe, und sie fühlen sich beide am Ende verwundet.

3. Das Ende einer Freundschaft. Zuerst mag es so aussehen, als ob alles wieder in Ordnung wäre, doch allmählich nehmen Sie Veränderungen wahr. Sie veranstaltet eine Party, ohne Ihnen davon zu erzählen. Das hat sie noch nie getan. Er spielt jetzt in einer anderen Tennisgruppe, hat es aber gar nicht erwähnt. Seltsam. Und mit der Zeit verschlechtert sich die Freundschaft immer mehr.

Natürlich kann dieser Vorgang auch plötzlich geschehen, und man hat einfach keinen Kontakt mehr miteinander.

Ob plötzlich oder allmählich, die Freundschaft hat durch die aggressiven Worte oder das unkontrollierte Verhalten einen Schaden erlitten, der nicht mehr zu reparieren ist.

4. *Einschneidende berufliche Konsequenzen.* Ich nehme an, in Millionen von Fällen haben Sekretärinnen wegen aggressiver Ausbrüche gekündigt, Geschäftspartner sich getrennt und Arbeiter ihre Stelle verloren. Oft spielen auch andere Faktoren eine Rolle, doch manchmal ist die Art und Weise, wie jemand mit seinem Ärger umgeht, der einzige Grund für schwerwiegende berufliche Folgen.

Bob Knight, Basketballtrainer der *Indiana University,* der für seine Wutausbrüche berüchtigt ist, wurde vor einiger Zeit von einem Spiel ausgeschlossen. Er hatte aus Wut über eine Schiedsrichterentscheidung einen Stuhl quer über das Spielfeld geworfen. Manchmal scheint Knight wenig Kontrolle über seinen Ärger zu haben. Als er 1979 als Trainer in Puerto Rico war, geriet er sogar in ein Handgemenge mit einem Polizisten.

Es steht außer Frage, daß sein falscher Umgang mit Ärger seine Arbeitsstelle ernsthaft gefährden könnte, wenn er nicht als einer der hervorragendsten College-Trainer Amerikas anerkannt wäre. 1987 wurde eine Erklärung über die Rechte der Sportler an der *Indiana University* abgefaßt, um sie vor Mißhandlung durch ihre Trainer zu schützen. Dabei stellten einige Mitglieder des Gremiums Bob Knight als besonders schlimmen Fall heraus, und der Soziologie-Professor Whitney Pope sagte, die Sportler von Indiana „sind geschlagen, geschubst und herumgestoßen worden, und . . . sie sind belästigt worden.“

Man fragt sich, was mit Bob Knights Anstellung geschehen würde, falls er längere Zeit nicht gewinnen sollte. Denn sein Ärger gerät zu oft außer Kontrolle.

5. *Kostspielige Eigentumsbeschädigung.* Die folgende Geschichte hat meine Aufmerksamkeit erregt:

Ein Mann wurde vom ersten großen Wintersturm im US-Bundesstaat Washington zum „Automord“ getrieben. So nannte der Polizeikommissar Jack Kellem den seltsamen Fall eines zornigen Autofahrers, der seinen Wagen attackierte, nachdem er im 15 Zentimeter hohen Schnee steckengeblieben war. Wie die Polizei berichtete, wurde der Mann so ärgerlich, als sein Fahrzeug steckenblieb, daß er eine Eisenstange aus dem Kofferraum holte und alle Fenster einschlug. Dann zog er eine Pistole heraus und schoß alle vier Reifen kaputt, lud sie erneut und feuerte ein halbes Magazin ins Auto. „Er hat es getötet", kommentierte Kellem. „Es ist ein Fall von Automord." Kellem sagte, der Mann sei nüchtern und vernünftig, aber sehr aufgebracht gewesen (*International Herald Tribune,* 19. Januar 1982).

6. Ausreißer. Ich kann mich noch an einen meiner ersten Therapiefälle erinnern, als wäre es gestern gewesen. Ein Vater wurde eines Abends aggressiv, brüllte seinen Sohn an und drohte ihm mit allen möglichen Strafen. Am nächsten Morgen lag eine Notiz auf dem Bett des Jungen. Er hatte sich entschieden zu gehen.

Natürlich war das eine Art zurückzuschlagen. Aber er blieb weg, und soweit ich weiß, ist er bis heute nicht zurückgekommen. Der Vater hat sein Verhalten inzwischen bitter bereut, aber das Ergebnis bleibt dasselbe.

7. Schuld. Bei manchen Menschen saugen die anschließenden Schuldgefühle wie ein Schwamm alle Selbstachtung auf, die sie noch hatten. Wenn Sie sehen, daß Ihre Explosion anderen Menschen Verletzungen zugefügt oder eine Beziehung zerstört hat, die ihnen wirklich wichtig war, dann empfinden sie tiefe und nachhaltige Schuld.

8. Scheidung. Ich habe miterlebt, wie einige Ehen durch massive Wutausbrüche zerstört wurden. Sie sagen vielleicht: „Diese Ehen müssen sowieso schon ziemlich zerrüttet gewesen sein." Manchmal war es so, aber nicht immer. Zu oft habe ich Ehen, die immer noch eine reale Chance hatten, zerbrechen sehen, weil ein oder beide Partner aufeinander losgingen.

In den Zeitungen findet man regelmäßig Geschichten über berühmte und ganz normale Leute, deren falscher Umgang mit Ärger zur Scheidung führte. Kürzlich las ich solch einen Artikel im Sportteil:

Vinny Testaverde, Spieler der Football-Mannschaft *Tampa Bay Buccaneers,* führte den Zusammenbruch seiner Ehe nach erst neun Monaten nicht auf Ruhm, Geld, Eifersucht oder Bitterkeit zurück, sondern auf ein Problem, das er schon sein ganzes Leben lang hatte – seine Wutausbrüche.

„Ich hoffte, es würde anders werden. Ich dachte immer, es würde sich bessern“, sagte seine Frau. „Während der Spielsaison habe ich mich entschieden, es zu ignorieren . . . und Vinny nicht abzulenken. Aber nach der Saison war es einfach zu viel.“

Vinny Testaverde reichte seine Scheidung ein, wobei er die Ehe als „unheilbar zerrüttet“ bezeichnete.

9. *Angst.* Das Ergebnis von Drohungen, die man im Ärger ausgesprochen hat, kann oft Angst sein. „Dich kriege ich noch“, „Dafür wirst du büßen“ oder „Das wird dir noch leid tun“. Solche Drohungen können Angst im Herzen der Betroffenen auslösen, besonders wenn sie von jemandem kommen, der viel Macht hat oder seine Drohungen normalerweise wahrmacht.

10. *Mord oder Verletzungen.* Wahrscheinlich haben Sie diesen Fall als Nummer zehn erwartet. Ich habe sowohl Kinder als auch Erwachsene gesehen, die von einem anderen Familienmitglied in einem Zornausbruch verprügelt wurden. Diese Verletzungen veränderten die Persönlichkeit des Opfers und fügten ihnen tiefe innere Wunden zu, die sie für ihr ganzes Leben zeichneten.

*

Manchmal mußte ich eingreifen, damit meine Klienten sich nicht gegenseitig verprügelten, wenn sie in ihrem Ärger handgreiflich wurden, um den anderen zu bestrafen. Und einige Klienten meiner Kollegen wurden von Ehepartnern oder Bekannten ermordet – fast immer als Folge von Wutausbrüchen.

Wie ich bereits gesagt habe, können die Ergebnisse explosiven Ärgers in ganz seltenen Fällen auch positiv sein. Einige Psychologen haben diese Ausdrucksform des Ärgers zum wesentlichen Bestandteil ihres therapeutischen Ansatzes gemacht. Doch die überwältigende Mehrheit der Wutausbrüche, die ich selbst beobachtet habe, war in vernichtender Weise negativ. Im dritten Teil werde ich einige sehr produktive Wege beschreiben, wie man die enorme Kraft des Ärgers kanalisieren kann, um sie zu nutzen.

Therapie für den „Explodierer" – Erste Lösungsansätze

Gary Sheridan war Profi-Baseballspieler. Er rief mich eines Tages wegen eines Termins an, kurz nachdem im Oktober die Spielsaison vorüber war. „Ich muß etwas gegen meinen Ärger unternehmen", erklärte er, „und ich habe gehört, daß Sie daran interessiert sind, mit Menschen zu arbeiten, die solche Probleme haben."

Sein Ärger war dabei, seine Karriere zu zerstören, und verursachte in der Familie eine Menge Probleme. Auf dem Spielfeld war er dreimal in Prügeleien geraten. Seine Frau und seine Kinder schrie er regelmäßig an. Zweimal war er einfach aus dem Büro des Managers herausgerannt. Und eine Situation, die letzte, machte ihm besonders Angst. Bei einer Prügelei hatte er einen gegnerischen Spieler am Kinn getroffen und ihm den Kiefer gebrochen. Der Spieler drohte, ihn zu verklagen, und die Zeitungen brachten ausführliche Kommentare über Garys Zornausbrüche.

Wir reduzierten die konkreten Auslöser auf sechs Möglichkeiten: 1. wenn ein Werfer den Ball zu nahe an seinem Kopf vorbeifliegen ließ, 2. wenn ein Gegner offensichtlich versuchte, Gary zu verletzen, 3. wenn seine Mannschaft leicht zurücklag und er in den letzten Runden eines Spiels schlagen mußte, 4. wenn seine Kinder am Morgen nach einem Spiel viel Lärm machten, 5. wenn seine Frau sich über die Unsicherheit beklagte, die seine berufliche Situation kennzeichnete, und 6. wenn der Manager herabsetzende Bemerkungen machte, um zu rechtfertigen, warum er Gary ein geringeres Gehalt zahlte.

Ich habe mich nur zehnmal mit Gary getroffen, aber während dieser Zeit arbeitete er ungewöhnlich hart an seinem Problem.

Schon bald erkannte er, warum er zum „Explodierer" geworden war. Mit acht oder neun hatte er schon in der Juniorenmannschaft gespielt. Er war immer talentiert gewesen, aber sein Vater, der einer der Trainer war, dachte, die größeren Jungen würden ihn ausnutzen. Deshalb ermutigte er Gary, aggressiv zu werden. „Du mußt ihnen eine reinhauen, wenn sie das machen", riet er Gary, wenn ein Spieler zu nahe an ihm vorbeigeworfen hatte, was eigentlich nicht erlaubt ist. Wenn Gary sich nicht wehrte, machte der Vater sich über ihn lustig und nannte ihn einen Feigling.

Gary erinnerte sich noch an das erste Mal, als er aggressiv geworden war. Bei einem harten Spiel hatte ein gegnerischer Spieler Gary berührt, als er im Ballbesitz war, so daß er ausscheiden mußte. Als Gary wegging, lachte der andere Spieler ihn aus. Gary brauste auf, rannte zurück und begann eine Prügelei. An diesem Abend war sein Vater stolz auf ihn gewesen, und Gary hatte sich stärker als je zuvor gefühlt.

Doch inzwischen war diese Art, Ärger auszudrücken, zu einem ernsthaften Problem geworden. Er wollte sie loswerden und durch andere Verhaltensweisen ersetzen. Doch ein Verhalten, daß so oft verstärkt worden war, ließ sich nicht allzu leicht ändern.

Wir begannen mit fünf grundlegenden Maßnahmen:

1. Er sollte ausführlich aufschreiben, wie er mit seinem Ärger umgehen wollte. Doch zuvor ermutigte ich ihn, drei

Bücher über Ärger zu lesen, die ich gerade zur Hand hatte. Seinen ersten und auch seinen zweiten Versuch akzeptierte ich nicht. Schließlich einigten wir uns auf seinen dritten Entwurf.
Dann bat ich ihn, seine Ziele 26 Wochen lang jeden Montag seiner Frau vorzulesen. Damit war er einverstanden.

2. Ich trainierte ihn darin, genau auf seine Gefühle zu achten, besonders wenn er mit Dingen in Berührung kam, die ihn zu Aggressionen herausforderten.
Sein Ziel war es, explosive Reaktionen gleich beim ersten Anzeichen in den Griff zu bekommen, bevor er die Kontrolle verlor. Wir gingen Dutzende von Erlebnissen durch, in denen er explodiert war, und versuchten, ein Muster zu erkennen. Nach und nach entdeckte er einige Anzeichen, auf die er achten mußte.

3. Wir arbeiteten an *verzögernden* Reaktionen, die einsetzen sollten, sobald er aggressive Regungen wahrgenommen hatte. Ich betonte, wieviel Disziplin nötig war, um an diesem kritischen Punkt einen anderen Weg zu wählen, weil er daran gewöhnt war, nach dem aggressiven Verhalten ein positives Ergebnis zu erwarten. Da er auf seine Disziplin stolz war, nahm er diese Herausforderung sofort an. Das Schlüsselwort beim allerersten Anzeichen sollte lauten „Denke!“ Immer wenn wir ein Erlebnis zur Übung durchspielten, wiederholten wir beim Erreichen der kritischen Zone das Schlüsselwort „Denke!“

4. Er mußte über zwei Fragen nachdenken: „Was will ich hier erreichen?“ und „Wie komme ich am wirksamsten zu diesem Ziel?“
Wir erarbeiteten Lösungen für alle sechs provozierenden Situationen. Zum Beispiel beschloß er, sich bei einem unerlaubt nahe geworfenen Ball vor allem nicht aufzuregen, den nächsten Ball fest zu treffen und möglichst weit zu

schlagen. Außerdem wollte er alle Möglichkeiten nutzen, die sein erregter Zustand bot, um sich auf das Spiel zu konzentrieren und seine nächste Chance zu nutzen.

5. Ich sprach mit Gary über seine Erwartungen. Manchmal erwartete er einfach zuviel von sich und seiner Familie. Wir klärten, daß es doch eigentlich normal war, wenn die Kinder morgens um halb zehn etwas Lärm machten, wenn seine Frau bei der ständigen Unsicherheit Unterstützung brauchte und wenn der Manager seine Kosten möglichst gering halten wollte. Und wir verbrachten eine ganze Stunde damit, über Garys Erwartungen an sich selbst als Baseballspieler zu sprechen.

Wir führten noch weitere Übungen durch (die im dritten Teil genauer beschrieben werden), unter anderem das Führen eines Ärgertagebuchs. Gary beschloß, alle Erfahrungen mit Ärger, die er während der nächsten sechs Monate machen würde, immer noch am selben Tag aufzuschreiben. Bevor er abends zu Bett ging, nahm er jedesmal sein Tagebuch zur Hand und schrieb über jede Erfahrung mit Ärger, die er an diesem Tag gemacht hatte, einige wesentliche Punkte auf.

Für mich war es faszinierend mitzuerleben, wie Gary mit großer Disziplin ein Verhaltensmuster ändern konnte, das für ihn zu einem bedeutenden Problem geworden war.

Nach zwei Baseballsaisons berichtete er, daß er keine Prügeleien mehr erlebt hatte, daß er vor kurzem nach einer Reihe aggressionsfreier Verhandlungen einen Fünfjahresvertrag unterschrieben hatte, daß er die Ersatzreaktion beim ersten Anzeichen von Ärger jetzt beherrschte und daß seine Beziehungen zu Hause wesentlich besser geworden waren. Außerdem hatte sich seine Quote beim Schlagen erhöht.

Ich bin überzeugt, daß Ärger im Interesse von Zielen, die man für wichtig hält, konstruktiv eingesetzt werden kann. Dabei ist es von entscheidender Bedeutung, daran zu denken, daß Aggression nur eine Ausdrucksform des Ärgers ist, und zwar eine höchst enttäuschende. Mit genügend innerer Disziplin und einem passenden Trainingsprogramm kann man aggressives Verhalten ablegen und durch neue Verhaltensmuster ersetzen.

FEHLREAKTION 1:
EXPLODIEREN

Ich bekomme, worum ich bitte, aber nicht, was ich will

Explosionen aufgrund von Ärger führen fast immer zu einem Ergebnis. Deshalb haben wir uns diese Verhaltensmuster, die so schwer aufzugeben sind, ja auch angeeignet. Fast jedesmal, wenn wir unserem Ärger freien Lauf lassen, verändert sich etwas, und wir empfinden für einen Augenblick so etwas wie Erleichterung. Dadurch werden unsere Ausbrüche jedoch verstärkt.

Was ist die Folge unserer Wutanfälle? Menschen verändern sich. Die meisten Menschen bekommen nach einem ungezügelten Wutausbruch ganz schön Angst. Sie versuchen alles mögliche, damit es nicht wieder passiert.

Wenn man an Ihnen herumnörgelt, bevor sie anfangen zu schreien, können Sie sicher sein, daß das Nörgeln danach bald aufhören wird. Wenn jemand Sie nicht gebührend beachtet, bevor Sie ihn durchschütteln, wird er Sie danach ganz genau beobachten. Wenn jemand sein Radio sehr laut laufen läßt, bevor Sie an die Tür hämmern, wird er es danach leiserstellen. Wenn Sie wütend werden, weil man sich nicht genug um Sie gekümmert hat, können Sie jetzt feststellen, daß man sich jetzt mehr um Sie „kümmert".

Doch ob Sie es zu diesem Zeitpunkt merken oder nicht, höchstwahrscheinlich geht es Ihnen gar nicht um eine rein äußerliche Verhaltensänderung, sondern um ein echtes Interesse an Ihren Gedanken und Gefühlen, ein stärkeres Eingehen auf Ihre Bedürfnisse und mehr Liebe zu Ihrer Person.

Und genau das werden Sie durch Schreien und An-die-Tür-Hämmern nicht bekommen. Ihr Gegenüber wird nach solch einer Behandlung eher Groll und Verachtung empfinden, ohne es Ihnen jedoch zu zeigen, denn auf keinen Fall will man Ihre unkontrollierte Reaktion noch einmal provozieren.

Deshalb wird die Erleichterung, die Sie in den ersten Augenblicken spüren, nur hohl und kurzlebig sein. Die Dinge werden wahrscheinlich sogar noch schlimmer werden. Explosionen erhöhen unweigerlich die Wahrscheinlichkeit von Gegenangriffen. Aber das werden Sie erst später merken.

Und dann werden Sie feststellen, daß Sie zwar das bekommen, worum Sie gebeten haben, aber kaum das, was Sie eigentlich wollten.

Viele meiner Klienten haben diese schmerzhafte Lektion immer und immer wieder lernen müssen. Ihre aggressiven Verhaltensmuster werden durch die geringfügige Verstärkung in dieser ersten Minute ängstlicher Fügsamkeit bekräftigt. Diese Bekräftigung macht es dem „Explodierer" um so schwerer, sich von der Strategie des verbalen oder tätlichen Angriffs zu befreien.

Ted Mitchell, ein Börsenmakler, kam zu mir, weil sein Leben in die Brüche ging. Er stand zu Hause und im Büro sehr unter Druck, und seine Reaktion auf diesen Druck lief immer genau nach demselben Muster ab. Er drehte durch, und zwar mit sehr viel Energie, wodurch er die anderen offensichtlich einschüchterte.

Während er mir von diesem Verhaltensmuster erzählte, schien er mir beweisen zu wollen, daß es für ihn hervorragend funktionierte. Er ließ die Händler nach seiner Pfeife tanzen. Seine Sekretärin „motivierte" er regelmäßig dadurch, daß er sie heftig anfuhr. Auf diese Weise brachte er seine Kinder unter Kontrolle, setzte er bei seiner Frau seinen Willen durch und glaubte sogar, im Golf besser zu sein, wenn er seine Schläger durch die Luft schleuderte.

Aber Ted war ein kluger Mann. Es dauerte nicht lange, bis er merkte, daß seine Kinder ihm aus dem Weg gingen. Seine Frau drohte, ihn zu verlassen. Er hatte drei Sekretärinnen in 18 Monaten. Händler erwiderten seine Anrufe oft nicht. Und im Golf war er nicht besser geworden, seit er vor fast fünf Jahren dem Club beigetreten war.

Es war schon richtig, daß seine Kinder in seiner Nähe stiller waren, seine Sekretärin härter arbeitete, die Händler klarere Preisangaben machten (wenn sie zurückriefen), seine Frau mehr leistete und sein Golfspiel ernsthafter wurde. Aber die negativen Auswirkungen ließen den geringen Erfolg unwichtig erscheinen.

Ärger zu zeigen, wirkt sehr häufig. Sie bekommen, worum Sie bitten – wenigstens für den Augenblick. Aber damit bewirken Sie, daß das, was Sie eigentlich wollen, wesentlich schwieriger erreichbar wird.

Gary Sheridan – der Baseballspieler – erfuhr die positiven Langzeitergebnisse erst nach disziplinierter Anstrengung und einem sorgfältig entwickelten Plan. Das Geheimnis besteht darin, die Art und Weise, wie man seinen Ärger ausdrückt, völlig unter Kontrolle zu bekommen, um Explosionen ausmerzen und durch effektivere Verhaltensweisen ersetzen zu können. Solch ein Plan wird im dritten Teil dieses Buches ausführlich dargestellt.

FEHLREAKTION 2:
SOMATISCH REAGIEREN

Meine Gesundheit ist am Ende, aber Ärger kenne ich nicht

In den letzten Kapiteln habe ich über „Explodierer“ geredet, deren falscher Umgang mit Ärger am offensichtlichsten ist, aber es gibt noch andere leicht erkennbare Typen. Jetzt möchte ich über „Soma-Menschen“ reden, Menschen also, deren Körper durch die Auswirkungen ihres schneidenden Ärgers gezeichnet ist.

*

Die ersten Worte von Joan Williams trafen mich völlig unvorbereitet. „Nichts für ungut, aber ich habe keine allzu großen Erwartungen. Sie sind der letzte in einer Reihe von Psychologen und Psychiatern, die ich seit meinem 15. Lebensjahr aufgesucht habe. Die anderen haben mir nicht viel geholfen, und offen gesagt, ich erwarte nicht, daß es dieses Mal besser wird.“ Es schien ihr Spaß zu machen, mir dies zu sagen.

„Ich glaube, ich verstehe nicht, warum Sie dann hier sind“, sagte ich.

„Dr. James dachte, Sie könnten mir vielleicht helfen. Er ist mein Internist und hat immer den Verdacht gehabt, daß meine gesundheitlichen Probleme etwas mit meiner Seele zu tun haben. Er sagt, er macht sich jetzt noch mehr Sorgen darüber."

Joan fuhr fort und berichtete über eine ganze Reihe körperlicher Gebrechen, von denen jedes einzelne ausgereicht hätte, um einen Menschen unglücklich zu machen. In der Schule hatte sie so schlimme Kopfschmerzen, daß sie einen großen Teil des Unterrichts verpaßte. Sie litt ständig unter starken Menstruationsbeschwerden. Und nun, kurz nach ihrem 30. Geburtstag, hatte Dr. James schwere Magengeschwüre diagnostiziert.

Sie erzählte mir auch ausführlich über ihre schon jetzt zerrüttete Ehe. „Er hat mich herabgesetzt", sagte sie über ihren Mann, „und in diesem Zustand hält er mich seit Jahren." Sie berichtete mir auch von einigen beruflichen Problemen; sie hatte den Eindruck, daß ihr Arbeitgeber sie ständig ausnutzte.

Joan war eine große, hübsche Frau. Aber obwohl sie einerseits attraktiv war, hatte sie auch etwas Hartes an sich. Ihr Verstand arbeitete wie ein Computer. Sie gab die Daten ein, und sie wurden nach einer höchst rationalen Sichtweise verarbeitet. Fast nie schien ich ihr irgend etwas sagen zu können, das sie nicht schon kennengelernt und verarbeitet hätte.

Joan sagte zwar, daß sie Hilfe suchte, schien aber überzeugt zu sein, daß es sie nicht gab. Und ich hatte den Verdacht, daß sie sich weigern würde einzusehen, daß ihre Einschätzung falsch war.

Während wir über ihre Familie redeten, wurde ihr Groll immer offensichtlicher. Sowohl ihre Mutter als auch ihr Ehemann hatten versucht, ihr ihren Willen aufzuzwingen. Joan dachte, daß die beiden sich miteinander verschworen hatten, um ihr Leben zu ruinieren.

Dennoch leugnete sie jeden Ärger und beruhigte sich mit der Annahme, die beiden hätten gewiß ihr Bestes getan. „Aber was noch wichtiger ist", erklärte sie, „ich ärgere mich nie und bin überhaupt nicht nachtragend. Manchmal rege ich mich etwas auf, aber ich werde nie wütend oder zornig."

Sie war aufrichtig in diesem Punkt; bewußt erlebte sie keinen Ärger. Aber nachdem ich mit Hunderten von Menschen gearbeitet hatte, konnte ich mich auf meine Gefühle verlassen. Sie hatte etwas von einem Stacheldraht an sich, mit Dutzenden scharfer „Spitzen", die reißen und verletzen sollten. In ihrer Gegenwart fühlte ich mich ständig als Angeklagter, irgendwie unwohl, nicht akzeptiert. Sie bestätigte, daß sie nur wenige Freunde hatte – sie schienen ihr nicht viel zu geben zu haben. Ich begann zu vermuten, daß sie mit ihrer hohen Intelligenz ihre rasiermesserscharfen Kanten gut zu verbergen verstand, so daß die Menschen nicht merkten, warum sie nicht mit ihr zusammen sein wollten. Sie wollten es einfach nicht.

Doch auch sie selbst bekam diesen Stacheldraht zu spüren, und so war ihr Körper wie eine offene Wunde.

Ihre Mutter, eine sehr energische, herrschsüchtige Frau, hatte Joan schon früh beigebracht, nie ärgerlich zu werden. Und sie hatte es so tief in ihr verwurzelt, daß Joan selbst ihren stärksten Groll leugnete. Dieses Verhaltensmuster bestand schon so lange, daß die entsprechenden Stellen ihres Gefühlslebens inzwischen betäubt waren. Ihre Gefühle und ihr Bewußtsein waren voneinander getrennt worden, und sie litt, ohne zu verstehen warum.

Joan war das Opfer von unverarbeitetem Ärger, der ihren Körper als Ventil benutzte, um sich auszudrücken. In ihrer Kindheit hatte sie sogar entdeckt, daß es völlig in Ordnung ist, wenn mit dem Körper etwas nicht stimmt. Durch die zusätzliche Aufmerksamkeit und Sorge, mit der ihre Mutter auf dieses Verhaltensmuster reagierte, war es noch verstärkt worden. Und so übernahm sie, wie Tausende anderer auch, jene unbewußte Strategie, die zu fürchterlichem körperlichem Leiden führte. Massiver Groll war die Ursache in der Entwicklung ihrer psychosomatischen Symptome. Ihr Körper war zum Angriffsziel und zur Stimme ihres Zorns geworden.

Groll wirkt im Körper wie Säure

Wenn wir zulassen, daß Groll uns innerlich zersetzt, bringen wir uns in ernsthafte Schwierigkeiten. Groll wirkt in unserem Körper wie Säure und führt einen Krankheitszustand herbei.

1973 wurde ein aufschlußreicher Artikel über diesen Zusammenhang veröffentlicht.[2] Die Autoren sichteten 57 repräsentative Stichproben, um herauszufinden, welche psychologischen Bedingungen einem Ausbruch psychosomatischer Symptome vorausgingen.

Sie entdeckten, daß Groll am häufigsten mit diesen quälenden Leiden verbunden war. Und Frustration, die in enger Beziehung zu Groll steht, kam auf den zweiten Platz.

Wie kann Groll solch eine Zerstörung verursachen? Er existiert in unserem Körper nicht als Form von Energie, wie manche Theorien vermutet haben, sondern zehrt offensichtlich als Funktion unseres Denkens an unserem Körper.

Wenn wir eine Äußerung als Beleidigung auffassen, fühlen wir uns verletzt – und diese Verletzung kann zu Groll werden. Normalerweise bereitet uns der Ärger darauf vor, zu handeln. Wir haben dann die Möglichkeit, die Beleidigung zu verarbeiten – uns damit zu beschäftigen und ihre Ursache zu ergründen, bis wir sie neutralisiert haben.

Aber was geschieht, wenn wir unseren Ärger nicht einsetzen, um unsere Verletzung aufzuarbeiten? Wir werden jedesmal, wenn wir an diese Äußerung denken, die Verletzung und den Groll spüren. Und jedesmal macht sich unser Körper bereit, damit wir gegen die Ursache des Schmerzes vorgehen können. Doch wir lassen diese natürlichen Möglichkeiten ungenutzt, und so bleiben die verletzten Gefühle zurück.

Wenn wir über negative Erfahrungen grübeln, die vielleicht Monate oder sogar Jahre zurückliegen und nie aufgearbeitet und damit neutralisiert wurden, versetzen wir unseren Körper immer wieder in Aufruhr. Dieser sich ständig wiederholende Ärger ist extrem belastend, und die meisten Menschen können ihn nicht aushalten, ohne irgendwelche somatischen Krankheitssymptome zu entwickeln.

Groll ist also die Quelle unzähliger körperlicher Leiden, aber er läßt sich beseitigen. Ärger – worunter wir das Vorbereitetsein unseres Körpers verstehen – kann sogar benutzt werden, um sich effektiv mit der ursprünglichen Verletzung auseinanderzusetzen. Wie das geht, werde ich Ihnen später noch zeigen. Es ist einfach nicht nötig zuzulassen, daß Groll soviel Schmerzen und Leiden verursacht.

FEHLREAKTION 2:
SOMATISCH REAGIEREN

Es nagt im Inneren

Unser Körper ist eine erstaunliche Schöpfung. Und wir wissen heute wesentlich mehr über seine Funktion als vor 50 Jahren.

Wir wissen, daß das Wechselspiel unserer Gefühlsregungen und unserer körperlichen Vorgänge höchst kompliziert ist und weitreichende Auswirkungen hat. Wie jemand mit anderen und mit dem Leben im allgemeinen umgeht, kann sowohl bestimmte körperliche Probleme beeinflussen als auch Folge eines oder mehrerer solcher körperlicher Probleme sein.

Und wir haben herausgefunden, daß die Funktion unseres Körpers durch zwei Nervensysteme reguliert wird – das sympathische und das parasympathische. Das sympathische Nervensystem ist das Notsystem, das uns in die Lage versetzt, auf verschiedene dringliche Situationen sofort zu reagieren. Wenn dieses System aktiviert wird, schlägt unser Herz schneller, unser Blutdruck steigt, Adrenalin wird schneller ausgestoßen, mehr Zucker wird freigesetzt, und unsere äußeren Arterien verengen sich. Alle Reserven sind verfügbar, und wir sind auf fast alles vorbereitet. Dieses sympathische Nervensystem reagiert auf innere wie äußere Ereignisse, die wir als beunruhigend oder bedrohlich einstufen und die unsere sofortige Aufmerksamkeit erfordern. Wenn dieses sympathische Nervensystem erregt wird, kommen wir in den Zustand, den wir „Ärger" nennen.

Der entscheidende Punkt daran ist: Wenn wir ärgerlich werden, aber die Situation nicht bewältigen, die unseren Ärger ausgelöst hat – was ich die Ursache des Schmerzes nenne –, schaffen wir zwei Probleme, die zukünftige Schwierigkeiten verursachen können:

1. Die konkrete Situation, die wir nicht bewältigt haben, kann uns weiterhin belasten. Wenn wir uns nicht aus ihr befreien können, bleibt unser sympathisches Erregungssystem möglicherweise ständig in Alarmbereitschaft.

2. Auch wenn wir uns räumlich oder zeitlich von der Situation entfernen, kann es sein, daß unser Gedächtnis die problematische Erfahrung immer wieder ablaufen läßt. Und wie wir bereits erwähnt haben, kann unser Körper dann jedesmal aktiviert werden.
   Wenn dies häufig genug geschieht, treten gesundheitliche Folgen auf. Man vermutet, daß zwanzig oder mehr körperliche Probleme durch unverarbeiteten Ärger bedingt sind. Ich möchte fünf der häufigsten erwähnen.

1. Kopfschmerzen. Hier lassen sich viele Ursachen feststellen. Häufige Kopfschmerzen sollten sowohl medizinisch als auch psychologisch untersucht werden.

Eine der häufigsten Ursachen ist Spannung. Wenn Ihr Körper durch Ärger aktiviert wurde, ist Ihre ganze Muskulatur angespannt. Wenn sie in diesem Zustand bleibt, neigt der Körper zu verschiedenen Störungen. Millionen Menschen haben Kopfschmerzen, weil sie nicht in der Lage sind, die Situationen zu bewältigen, die ihnen Schmerzen verursachen, und auch ihr körperliches Notsystem nicht abstellen können.

2. Magenprobleme. Viele Menschen wurden von ihrem Internisten an mich überwiesen, weil ihre Magengeschwüre offensichtlich mit seelischen Störungen zusammenhingen. Heute werden in der Vorstellung der meisten Menschen Magengeschwüre und seelische Schwierigkeiten automatisch miteinander verknüpft. Schmerzen durch ein Magengeschwür sind manchmal das erste erkennbare Symptom psychologischer Probleme. Wer Hilfe für seinen Magen sucht und vielleicht eine neue Strategie erlernt, seinen Ärger auszudrücken, wird in seinem Leben auch in anderen wichtigen Bereichen davon profitieren.

3. *Erkältungen.* Normale Erkältungen verursachen wahrscheinlich jedes Jahr genauso viele Beschwerden wie jedes andere Gebrechen für sich genommen. Und einige sind ohne Zweifel auf falschen Umgang mit Ärger zurückzuführen.

Wie kann das sein? Wenn es stimmt, daß Erkältungen durch Viren verursacht werden, die jederzeit in unserem Körper wirksam sind, dann sind wir nur deshalb nicht ständig erkältet, weil unsere Antikörper die Viren unter Kontrolle halten. Wenn wir seelisch stabil sind, arbeiten diese Antikörper sehr effektiv, um uns gesund zu erhalten.

Wenn wir unseren Ärger jedoch nicht als Potential benutzen, um uns aus Zuständen zu befreien, die uns aufregen oder uns Minderwertigkeitsgefühle vermitteln, leidet unser seelisches Wohlbefinden.

4. *Dickdarmentzündungen.* Eine chronische Dickdarmentzündung ist ein Problem, das Tausende von Amerikanern befällt. Sie kann durch Allergien ausgelöst werden, aber nach meinen Beobachtungen ist sie fast immer mit der Art und Weise verbunden, wie man seinen Ärger ausdrückt. Wenn man seinen Ärger nicht benutzt, um Konflikte oder Schwierigkeiten zu bewältigen, oder wenn sich diese Strategie als unwirksam erweist und die Konfliktsituation bleibt, wird häufig der Dickdarm davon beeinflußt. Ich kannte einen Mann, der seinen Ärger nicht richtig verarbeitete und dadurch offensichtlich eine Dickdarmentzündung bekam. Er regte sich über

seine herrische Frau auf, stellte sie aber nie zur Rede. Als er sich weigerte, diese Strategie zu ändern, wurden seine Beschwerden noch akuter. Es war, als ob sein Körper geradezu danach schrie, daß er einen neuen Ansatz wählte.

5. *Bluthochdruck.* Während der letzten 15 oder 20 Jahre ist Bluthochdruck zu einem bedeutenden Gesundheitsrisiko geworden. Menschen mit hohem Blutdruck sind oft sehr ehrgeizig, ruhelos und ungewöhnlich aggressiv. Es handelt sich um Patienten, die außerordentlich anfällig für Herzattacken sind.

Es gilt als erwiesen, daß falsch ausgedrückter Ärger zu Krankheitssymptomen beitragen kann. Im nächsten Kapitel werden wir eine interessante Theorie darüber betrachten, wie es dazu kommen kann.

Fehlreaktion 2: Somatisch reagieren

Könnte es sein, daß wir lernen, krank zu werden?

Die meisten von uns haben in früher Kindheit besondere Aufmerksamkeit erfahren, wenn wir krank waren. Wir wurden zum Mittelpunkt der Familie und erhielten erstklassigen Service.

Da diese Art der Behandlung ohne Zweifel verstärkend wirkt, ist es nicht schwer zu verstehen, warum wir manchmal fast absichtlich krank wurden.

Aber es ist schwer für ein Kind, den Eltern eine Krankheit vorzutäuschen. Wenn der Gedanke, krank zu Hause zu bleiben, weit positivere Erwartungen weckte als der Gedanke, zur Schule zu gehen, und wenn wir unsere Eltern nicht belügen wollten, könnte es nicht sein, daß wir lernten, krank zu werden? Und wäre es nicht auch möglich, daß einige von uns diese Kunst viel besser erlernten als andere? Behalten wir diese Fragen in Erinnerung und wenden wir uns kurz einer anderen Forschungsrichtung zu.

Sandler und Quagliano veröffentlichten 1964 einen Forschungsbericht[3] über ein Studium, das sie mit Affen durchgeführt hatten. Den Affen wurde beigebracht, einen Hebel zu drücken, um Elektroschocks zu vermeiden. Wenn sie diesen

Hebel festhielten, wurde der eigentliche Schock zwar verhindert, aber zugleich auch ein Elektroschock ausgelöst, der weniger stark war. Im Laufe der Zeit wurde der sekundäre Schock, der durch das Niederdrücken des Hebels ausgelöst wurde, nach und nach verstärkt, bis er so groß war wie der primäre. Dennoch hielten die Affen weiter den Hebel fest.

Schließlich wurde der primäre Schock ganz abgestellt. Aber die Affen hörten nicht auf zu drücken, obwohl der Elektroschock, den sie damit auslösten, nun stärker war als der, den sie ursprünglich unbedingt vermeiden wollten.

Diese Studie demonstriert, welche Kraft in einer imaginären Bedrohung liegt, die in Wirklichkeit gar nicht mehr existiert. Außerdem demonstriert sie den wichtigen Punkt, daß man aggressives Verhalten gegen sich selbst entwickeln kann, wenn man dadurch eine noch schlimmere Reaktion zu verhindern glaubt. Verstärkend wirkt dabei die Verminderung der Spannung, die wir erfahren, wenn der Ärger des anderen nicht zum Ausbruch kommt.

Als die fünfjährige Joan Williams entdeckte, daß ihre herrschsüchtige, strenge Mutter ihr zwar keinen Ärger erlaubte, ihre eigene Haltung aber dramatisch veränderte, wenn Joan krank wurde, könnt das nicht ihre Strategie verstärkt haben, krank zu werden?

Und wäre es nicht möglich, daß die Krankheitsstrategie eine Eigendynamik entwickelte, so daß sie wirksam blieb, als die Bedrohung durch ihre Mutter verschwunden war?

All das setzt voraus, daß jemand sich selbst krank machen kann. Nach meinen Erfahrungen in der Psychotherapie ist diese Einschätzung realistisch. Manche Menschen können sich selbst zum Weinen bringen, indem sie an ein sehr trauriges Erlebnis denken. Andere lösen einen Brechreiz aus, indem sie sich intensiv mit den scheußlichen Einzelheiten eines Bildes beschäftigen oder eine schlimme Erinnerung heraufbeschwören. Wieder andere können bei sich selbst schwere Kopfschmerzen hervorrufen, so mächtig ist die menschliche Vorstellungskraft.

Diese selbsterzeugten Krankheiten, die auf bewußten oder unbewußten Vorgängen beruhen können, dienen oft dazu, eine weniger wünschenswerte Alternative zu blockieren. Aber wie die Affen, die den Hebel weiter drückten und sich selbst quälten, als es dafür keine vernünftige Rechtfertigung mehr gab, so können Kinder auch vom Kranksein abhängig werden. Sie haben sich einen Umgang mit ihrem Ärger angeeignet, der sich als Bumerang erweist.

Die unvernünftige Strategie läßt sich jedoch rückgängig machen, und man kann den Menschen effektive Möglichkeiten beibringen, mit ihrem Ärger umzugehen.

Fehlreaktion 3: Sich selbst bestrafen

Wenn etwas falsch läuft, ist es fast immer meine Schuld

Sind Sie ein „Explodierer“ oder ein „Soma-Mensch“? Falls Sie zu einem dieser beiden Typen gehören, müßte es Ihnen jetzt klar sein. Doch wenn Sie ein „Selbstbestrafer“ sind, ist es Ihnen eventuell gar nicht so bewußt. Wir nagen oft so ruhig und subtil an unserem Selbstbild, daß wir es erst merken, wenn wir in einer tiefen Krise stecken und feststellen, daß unser Selbstbild geschrumpft und verzerrt ist.

*

Frau Harrison ist eine 57jährige Dame mit sanfter Stimme und liebenswürdiger Art. Sie ist freundlich und um jeden besorgt. Was mir zuerst an ihr auffiel, war ihr Versuch, sich um mich zu kümmern. Wenn ich mich bei unseren Terminen verspätete, wollte sie erst einmal wissen, ob ich noch einen Anruf zu machen hatte oder zunächst eine Pause brauchte. Sie hatte keine Eile.

Von ihrer Fürsorglichkeit und Freundlichkeit abgesehen, ist sie auch intellektuell reich begabt. Doch als ich sie das erste Mal sah, war es offensichtlich, daß sie diese Fähigkeiten nur zur Hälfte ausschöpfte. Sie war nur noch ein Zerrbild der Frau, die sie einmal gewesen war.

In den ersten Minuten erzählte sie mir von sich selbst, weil sie zu wissen schien, daß dies von ihr erwartet wurde. Sie war offensichtlich depressiv, sprach langsam, ohne viel Energie. Ungefähr sechs Monate vor unserer Begegnung hatte ihr Mann sie wegen einer anderen Frau verlassen. Obwohl sie versucht hatte, mit dieser Erfahrung fertigzuwerden – ihr sogar etwas Positives abzugewinnen –, war ihr Leben völlig zusammengebrochen.

Seine Ankündigung hatte sie nicht völlig unerwartet getroffen. Seit einigen Monaten hatte er die Wochenenden auf ihrem Boot verbracht und war immer erst am späten Sonntagabend zurückgekehrt. Obwohl sie ihn während dieser Zeit vermißte, war seine Abwesenheit auch eine Erleichterung für sie, weil sie ihn scheinbar nicht glücklich machen konnte.

Doch zwei Wochen nach der endgültigen Trennung wurde sie so trübsinnig, daß sie sich morgens überhaupt nicht danach fühlte, aufzustehen. Sie hatte sogar ernsthaft an einen Selbstmord gedacht; so schmerzhaft war die Erfahrung für sie geworden.

Sie gab ihm nicht die Schuld dafür, daß er sie verlassen hatte. Sie sei einfach nicht der Typ, mit dem man gern zusammen ist. Er sei zwar schon ein verschrobener Mensch, aber sie hätte doch in der Lage sein sollen, aus ihrer Ehe einen Erfolg zu machen.

Im Laufe der Zeit wurde deutlich, daß Frau Harrison dreißig Jahre lang die Verletzung und Frustration in ihrer Beziehung zu ihrem Mann geleugnet hatte. Selten nahm sie seine schroffe Art und sein provozierendes Handeln so ernst wie ihre eigenen Mängel im Umgang mit ihrer Beziehung. Wenn etwas zwischen ihnen falsch lief, fühlte sie sich fast immer verantwortlich und gab sich selbst die Schuld. Sie verurteilte sich regelmäßig selbst und zersetzte so ihr Selbstbild.

Frau Harrison war eine unglaubliche Frau und hatte schon viele Dinge erreicht. Doch ihre Selbstangriffe waren so unheilvoll und so erfolgreich, daß sie sich selbst nur noch als Versagerin sehen konnte. Sie hatte zusammen mit ihrem Mann ein Geschäft gegründet und war zu mindestens 50 Prozent für seinen beachtlichen Erfolg verantwortlich. Sie hatten zwei großartige Kinder, für deren Erziehung sie im wesentlichen verantwortlich war. Außerdem hatte sie es geschafft, enge Beziehungen zu einer großen Gruppe guter Freunde aufrechtzuerhalten, obwohl ihr Mann oft mürrisch war und bei Abendgesellschaften regelmäßig einnickte.

Und sie konnte erkennen, daß ihr Mann, der selbst hochtalentiert war, sie nur als Werkzeug für seinen eigenen Erfolg benutzt hatte. Die meiste Zeit ignorierte er sie und hielt ihren Beitrag für selbstverständlich.

Seine unsensible Art brachte sie sowohl im Geschäft als auch im gesellschaftlichen Bereich oft in Verlegenheit. Er war höchst unberechenbar und unzuverlässig, hielt Termine selten ein und Versprechen noch seltener. Als sich das Bild im Laufe der Wochen vervollständigte, wurde deutlich, daß er es mit seinem Verhalten eigentlich seiner Mutter heimzahlen wollte.

Aber Frau Harrison war deswegen nicht verärgert. Als ich sie schließlich auf diese Möglichkeit ansprach, war sie sogar schockiert. Niemand hatte so etwas je gesagt. Wie konnte sie über ihn verärgert sein, wo sie es doch war, die versagt hatte? Er war nur er selbst gewesen.

Mit der Zeit wurde deutlich, daß ihre genau zurechtgelegte Strategie für den Umgang mit Verletzungen und Frustration darin bestand, mehr von sich selbst zu fordern. So kam es, daß sie ihren Ärger nach innen richtete und ihm dort freien Lauf ließ. Als ihr Mann sie verlassen hatte und deutlich wurde, daß sie ihre Beziehung zu ihm nicht mehr durch diese Strategie kontrollieren konnte, fühlte sie sich als fürchterliche Versagerin. Und es erschien ihr einfach nicht annehmbar, ihre Selbstbestrafung zu unterlassen.

Diese inneren Angriffe waren natürlich für die Depression und die Selbstmordgedanken verantwortlich, die sie erlebte. Die Strategie, die Frau Harrison gewählt hatte, um ihren Ärger auszudrücken, zerstörte jetzt systematisch ihre eigene Seele. Sie war zu einem beängstigenden Feind geworden – zu einer mächtigen Bedrohung für ihr eigenes Überleben.

FEHLREAKTION 3:
SICH SELBST BESTRAFEN

Wenn sich der Ärger gegen die eigene Seele wendet

Forschungsergebnisse zeigen, daß Sie und ich täglich unzählige stille Botschaften an uns selbst senden. Niemand hat auch nur annähernd soviel Macht über uns, wie wir selbst.

Und aus welchen Gründen auch immer neigt die Gesellschaft dazu, uns in unseren negativen Botschaften zu verstärken. Wenn Ihr Tennispartner zu sich selbst sagt: „Was für ein lausiger Schlag!“, dann scheint das recht vernünftig. Aber wir halten es kaum für angebracht, wenn er sagt: „Diese Vorhand war großartig!“

Dasselbe gilt auch für andere Situationen. Wenn Ihre Freundin auf dem Weg ins Restaurant in einen Spiegel schaut und feststellt: „Mensch, wie seh' ich nur aus; dieser Wind ist fürchterlich“, ist das in Ordnung. Sollte sie aber am nächsten Tag in denselben Spiegel schauen und sagen: „Heute gefalle ich mir aber wirklich“, dann hat sie wahrscheinlich gerade ihr einziges zulässiges Selbstkompliment für diese Woche aufgebraucht.

Sie sehen also, wie leicht wir in die Gewohnheit fallen, ärgerliche Botschaften an uns selbst abzusenden. Überlegen Sie einmal, wieviel zulässiger es in unserer Gesellschaft ist, auf sich selbst wütend zu werden als auf einen Freund oder auch einen Konkurrenten. Sie sind die Person, der Sie wahrscheinlich am häufigsten Vorwürfe machen. Manche Menschen fühlen sich tatsächlich wohl, wenn sie mit Leuten zusammen sind, die sich selbst angreifen. Das Gegenteil gilt für Menschen, die sich selbst gratulieren. Sie gelten als eingebildet, selbstgefällig und ichbezogen – alles sehr negative Bezeichnungen für Menschen, die vielleicht nur versuchen, sich selbst objektiv zu sehen.

Und so sorgen wir dafür, daß ein hoher Prozentsatz an Menschen seinen Ärger nach innen richtet. Je weniger jemand eine ärgerliche Selbstkritik verdient, aber je überzeugter er davon ist, desto eher wird er von einigen Menschen aufrichtig anerkannt.

Wenn Sie sich ärgern, sind Sie erregt. Vielleicht ärgern Sie sich nur ein wenig und sind deshalb auch nur ein wenig erregt. Aber auf jeden Fall bedeutet es, daß Sie stärker vorbereitet sind zu handeln, als wenn Sie keinen Ärger hätten.

Sobald Sie also gelernt haben, diesen Zustand des Bereitseins gegen sich selbst zu richten, tun Sie es mit Genuß.

In unserer Gesellschaft gibt es Tausende von „Selbstbestrafern". Wir haben ihnen beigebracht, so zu sein. Und jedesmal, wenn sie so reagieren, verstärken wir dieses Verhalten noch mehr. Bei vielen Menschen ist dieses Muster mittlerweile fest verankert.

Fehlreaktion 3:
Sich selbst bestrafen

Depression – Eine nationale Epidemie

Ein Artikel im *Wall Street Journal* ging von der Behauptung aus, daß die amerikanische Nation unter einer Epidemie emotionaler Depression leide. Viele Autoritäten sind sich einig, daß Depressionen mehr menschliches Leiden verursachen als jede andere Krankheit, die die Menschheit befällt.

Depressionen haben vielfältige Ursachen, aber zwei davon sind direkt von der Art und Weise abhängig, wie wir mit unserem Ärger umgehen.

Da wir nur wenige gute Vorbilder für den Umgang mit Ärger beobachten konnten, wissen wir erstens einfach nicht, wie wir unseren Ärger konstruktiv nutzen können. Sein eigentlicher Zweck besteht darin, uns zu befähigen, mit verletzenden, frustrierenden oder bedrohlichen Erfahrungen fertigzuwerden. Wenn wir das nicht richtig schaffen, empfinden wir Unzulänglichkeit und Hilflosigkeit. Die Probleme, vor die unsere Umwelt uns stellt, scheinen unlösbar zu sein.

Die zweite Ursache ergibt sich unmittelbar aus der ersten. Wenn wir entdecken, daß wir äußeren Problemen hilflos gegenüberstehen, kann es sein, daß wir unsere Aufmerksamkeit noch mehr auf uns selbst und auf unsere Fehler richten. Da die Gesellschaft uns beharrlich darin verstärkt, unsere eigenen Mängel zu betonen, werden wir darin immer besser.

Die Folge ist, daß unser Selbstwertgefühl auf eine sehr gefährliche Ebene sinkt. Eine innere Botschaft nach der anderen zehrt an unserem Wert: „Ich habe heute nicht viel geschafft“, „Ich habe vergessen, die Sachen zur Reinigung zu bringen“, „Ich habe Barbara nicht besonders gut helfen können, ihre Party vorzubereiten“, „Ich schaffe es einfach nicht, meine Eltern so oft zu besuchen, wie ich sollte“, „Ich müßte eigentlich ein viel besserer Tennisspieler sein“.

Es spielt dann keine Rolle mehr, daß ich gestern sehr viel erledigt habe, daß ich die gesamte Wäsche geschafft habe, daß ich insgesamt doch immer eine gute Mutter für Barbara bin, daß ich meine Eltern jede Woche besuche und daß ich in meinem Freundeskreis einer der besseren Tennisspieler bin.

Ich konzentriere mich auf alles, was verkehrt ist oder verbessert werden muß. Ich sorge dafür, daß ich mich immer wertloser fühle, und mein Selbstbild wird löcherig wie Schweizer Käse. Weil ich meinen Ärger gegen mich selbst gerichtet habe, bin ich depressiv geworden. Ich schaffe es nicht, meinen Ärger so zu gebrauchen, daß ich mit den Verletzungen und Frustrationen des Lebens fertig werden kann. Daraus ergibt sich meine Neigung, auf mir selbst herumzuhacken, und ein beträchtlicher Teil meines Selbstwertgefühls wird zerstört.

Das niedrige Selbstwertgefühl läßt regelmäßige Niederlagen noch wahrscheinlicher werden, sowohl in bezug auf meine Umwelt als auch in bezug auf mein Verlangen nach innerer Ausgewogenheit. So ist es nicht überraschend, wenn sich daraus eine Epidemie entwickelt, die so viele Amerikaner verfolgt, eine Depression.

FEHLREAKTION 3:
SICH SELBST BESTRAFEN

Wenn das Leben kaum der Mühe wert ist

Selbstmordgedanken sind für Menschen, die sich als Verlierer fühlen, etwas Normales. Und sich als Verlierer zu fühlen, ist normal für Menschen, die sich selbst zum ärgsten Feind geworden sind.

Oft fühlen wir uns völlig grundlos als Verlierer, aber wenn ein Gefühl der Hilflosigkeit sich erst einmal verfestigt hat, läßt es sich nur schwer wieder vertreiben.

Ein faszinierendes Beispiel psychologischer Forschung findet sich in einem Bericht von Seligman[4], der eine Studie über angelernte Hilflosigkeit bei Hunden enthält.

Man setzte Hunde einzeln in einen großen Kasten, der durch eine niedrige Abgrenzung unterteilt war. Der Hund konnte diese Abgrenzung leicht überspringen. Auf der einen Seite befand sich im Boden ein Metallgitter, durch das man Elektroschocks verabreichen konnte. Bevor ein Schock ausgelöst wurde, verdunkelte man ein Licht, und der Hund konnte dem Schock ausweichen, indem er einfach auf die andere Seite sprang.

Dann wurde jeder Hund in ein Geschirr gespannt, so daß er den Schocks nicht mehr ausweichen konnte. Wenn das

Licht sich verdunkelte, versuchte er, sich zu bewegen, wurde aber an seinem Platz festgehalten und mußte den Schmerz aushalten.

Das faszinierendste Ergebnis dieser Studie war, daß die Hunde nach relativ kurzer Zeit gar nicht mehr motiviert schienen, den Sprung in die Sicherheit überhaupt zu versuchen. Sogar als das Geschirr entfernt worden war, sprangen sie nicht mehr. Wenn das Licht verdunkelt wurde, zeigten die Hunde Zeichen von Angst und machten sich einfach auf den Schock gefaßt. Selbst als man nach sieben Tagen noch einmal einen Test durchführte, sprangen die Hunde nicht, um dem Elektroschock auszuweichen.

Die Wissenschaftler versuchten dann, den Hunden zu helfen und ihnen zu zeigen, wie leicht sie in Sicherheit kommen konnten. Aber bei weiteren Versuchen hielten die Hunde trotzdem an ihrem Platz aus.

Ein ähnliches Verhalten habe ich bei depressiven Menschen beobachtet, die ihrer Umwelt gegenüber ein Gefühl der Hilflosigkeit entwickelt haben. Ihre Unfähigkeit, das Potential zu nutzen, das ihnen durch Ärger zur Verfügung steht, hat sie äußerst verwundbar werden lassen. Und als sie bei weiteren Schwierigkeiten die Schuld immer bei sich selbst suchten, wurde ihr Empfinden der Hilflosigkeit noch überwältigender.

Wie wir im dritten Teil sehen werden, kann jeder lernen, effektiv mit seinem Ärger umzugehen. Wenn man diese Fertigkeit nicht lernt, ist das so, als würde man sich selbst das Geschirr anlegen und sich eine Situation schaffen, aus der man unmöglich herauskommen kann.

Fehlreaktion 4:
Verheimlichen

Ich habe keine Freunde, denn niemand ruft mich an

„Heimlichtuer" sind typischerweise diejenigen, die beim falschen Umgang mit Ärger am meisten Geschick zeigen. Sie sind wie Zauberer – es ist fast unmöglich, ihren Trick zu durchschauen. Viele von ihnen sind sich ihres Ärgers gar nicht bewußt. Sie glauben, daß sie nur Spaß machen. Sie behaupten, daß sie sich bei dem, was sie sagten oder taten, eigentlich gar nichts gedacht haben, und versuchen den anderen davon zu überzeugen, daß er sich alles nur einbildet. Doch wenn Sie das Gefühl haben, unsichtbare Fausthiebe, Schubser oder Dämpfer abzubekommen, trauen Sie Ihren Gefühlen. Sehen Sie sich nach einem „Heimlichtuer" um.

*

Alex Barnes war ein 42jähriger Orthopäde. Seine große Praxis war überfüllt, aber er hatte seinen Beruf satt. Den ganzen Tag beschäftigte er sich fast pausenlos mit einem Fall nach dem anderen. „Jeden Tag bekomme ich Dutzende zeitraubender Anrufe", beklagte er sich. „An jedem dritten Abend habe ich Bereitschaftsdienst, und dann ist es immer völlig hektisch." Sein Wunsch, den Menschen zu dienen, und die beträchtliche finanzielle Entschädigung hatten ihre Motivationskraft längst verloren.

Schließlich deutete Alex an, daß er auch von seinem Privatleben genug hatte. „Meine Frau und ich haben kaum noch sexuellen Kontakt. Sie ist völlig desinteressiert. Und meinen Kindern gegenüber fühle ich mich als Fremder. Meine Frau trifft alle Entscheidungen, die sie betreffen, und ich stehe wie ein Außenseiter daneben. Sie reden fast nur mit ihr."

Als ich ihn nach den Namen seiner drei engsten Freunde fragte, konnte er keinen nennen. „Niemand ruft mich an", erklärte er. Ich war über seine Antwort verblüfft. Aber so wurde die Tatsache verständlich, daß er nur höchst oberflächliche gesellschaftliche Kontakte hatte.

Seine Frau Sandy beklagte sich, daß Alex fast nie irgendwo die Initiative ergriff. „Er sitzt in seinem Arbeitszimmer und wartet darauf, daß die Kinder oder ich ihn *konsultieren.*" Sie schien verbittert zu sein. „Er möchte, daß alle Welt zu ihm kommt und sich um seine Bedürfnisse kümmert. Nie ruft er einen Freund an. Und beim Sex und auch sonst wartet er immer darauf, daß ich die Initiative übernehme. Danach ist er aber nie zufrieden und beschwert sich, daß ich es nicht richtig gemacht habe. Ich habe es satt, in seinen Augen nur zu versagen. Ich habe es auch satt, ihn wie einen Säugling zu behandeln."

Während unseres Gesprächs in den folgenden Wochen schien es mir offensichtlich, daß Alex sich selbst und alles, was er berührte, durch seinen falschen Umgang mit Ärger zerstörte. Nie griff er jemanden auf direkte Weise an. Er tat nichts Positives und wartete einfach ab. Wenn man nicht versuchte, auf ihn zuzukommen, hatte man ihn im Stich gelassen. Und wenn man etwas tat, um auf seine Bedürfnisse einzugehen, wertete er es immer als unzureichend ab. Er war ein klassischer passiv-aggressiver Mensch und zeigte seinen Ärger in denkbar heimtückischer Weise. Wenn man ihn darauf ansprach, bestritt er jeden Ärger. Er war so schwer zu fassen wie ein Aal, aber es bestand überhaupt kein Zweifel, daß er sehr verärgert war.

Alex schien seine einzige Befriedigung daraus herzuleiten, daß er anderen das Gefühl der Hilflosigkeit vermittelte. Und wenn er andere dazu verleitet hatte, ihm zu helfen, arbeitete er darauf hin, ihnen eine Niederlage zu bereiten. Er beherrschte sein krebsartiges Spiel perfekt.

Eines stand fest: Er war der einzige, der dies alles ändern konnte. Außerdem mußte es seine Idee sein, weil er nie viel von den Ideen anderer hielt. Er mußte sich selbst entscheiden, aufzustehen und aus seinem Sumpf herauszumarschieren.

Aber dieses passiv-aggressive Verhaltensmuster war so sehr mit seiner Persönlichkeit verwoben, daß es kaum einen Bereich gab, der nicht davon betroffen war. Es schien ein zentraler Teil seiner Identität zu sein. Wie konnte er es je aufgeben, zumal es doch so gut funktionierte?

Leider hatte Alex nie gelernt, seinen Ärger und Groll auf andere Weise auszudrücken. Daß er seine eigene Freude zerstörte, indem er anderen eine Niederlage beibrachte, schien keine Rolle zu spielen. Er saß in der Falle und bat nicht darum, daß man ihn befreite.

Der indirekte Ansatz

Können Sie sich irgend etwas vorstellen, das Sie genauso reizt wie jemand, der vorgibt, der netteste Mensch auf der Welt zu sein, Sie aber ständig fertigmacht? Es ist eine doppelte Qual: sie trifft Sie, wo es am meisten schmerzt, und behauptet dann, daß sie das eigentlich gar nicht wollte. Und Sie sind sich nicht völlig sicher, was nun eigentlich stimmt.

Es gibt Hunderte von Arten, Ärger heimlich auszudrükken. Manche sind offensichtlich, wie klatschen, jemanden aufziehen oder jemanden behindern. Andere sind weniger offensichtlich, wie in der Schule versagen, übermäßig trinken oder ein außereheliches Verhältnis haben. Alle diese Dinge zielen darauf ab, es den Menschen heimzuzahlen, die Sie verärgert haben. Es gibt Menschen, die ständig zu spät kommen und Sie warten lassen, und Menschen, die Ihre Anrufe nie erwidern und Ihre Briefe stets unbeantwortet lassen.

Wenn man darauf achtet, kann man jeden Tag zwei oder drei dieser indirekten Ausdrucksweisen entdecken: Jemand „vergißt", Ihnen eine wichtige Botschaft zu übermitteln; Ihre Freundin hat anderen etwas mitgeteilt, das absolut vertraulich war; ein Teammitglied sabotiert die Arbeit Ihrer Gruppe auf die eine oder andere Art; jemand bringt regelmäßig Gruppendiskussionen durcheinander, die Sie zu leiten versuchen, oder schläft mittendrin ein; ein „Freund“ bringt es fertig, Ihnen einen ungedeckten Scheck auszustellen

Was kann man da tun? Vielleicht war es wirklich ein Versehen. Wenn man den Betreffenden darauf anspricht, scheint er schockiert zu sein, wirkt völlig unschuldig und fühlt sich jetzt offenbar noch verletzter als Sie.

Manche Menschen lernen schon in der Kindheit, ihren Ärger so auszudrücken. Gewöhnlich liegt es daran, daß irgendeine wichtige Person in ihrer Familie ihnen dieses Verhalten vorgemacht hat. Oder man hat ihnen verboten, jemals richtig ärgerlich zu werden, und sie sind ganz zufällig auf diese Möglichkeit gestoßen. Man kann sich leicht erklären, wie dieses Verhalten dann verstärkt wurde. Man wird sehr aufmerksam, wenn man zum ersten Mal mit solch einem Verhalten konfrontiert wird.

Doch diese Strategie, Ärger auszudrücken, ist praktisch nie konstruktiv. Das ist auch gar nicht beabsichtigt. Obwohl sie gewöhnlich dazu führt, daß eine Beziehung zerstört wird, ist es unglaublich schwierig, mit ihr aufzuhören. Sie ist unglaublich schwer zu fassen – für beide Beteiligten. Der „Handelnde“ ist sich seines Verhaltens oft nicht bewußt. Und wenn man ihn direkt darauf anspricht, findet er unzählige passende Entschuldigungen, die das wahre Bild in Nebel hüllen und jede Analyse verhindern.

Fehlreaktion 4: Verheimlichen

Mach's nicht offen, aber erwisch sie richtig

So lautet vermutlich das Erkennungslied der „Heimlichtuer", das in ihrem Kopf an der Grenze zwischen bewußt und unbewußt gespielt wird, und die Melodie ist sehr eingängig. Wie oft ein „Heimlichtuer" auf dieses Lied anspricht, ist sehr unterschiedlich.

Zuerst glaubte ich nicht, daß Alex Barnes – der passiv-aggressive Orthopäde – es sich oft anhörte. Er schien über seinen passiv-aggressiven Stil oft genauso frustriert zu sein wie seine Frau. Als ich ihm die Zusammenhänge verdeutlichte und mit ihm daran arbeitete, neue Reaktionen auf die frustrierenden Erfahrungen in seinem Leben zu entwickeln, schien er eine Zeitlang mitzuarbeiten. Als ich später darüber nachdachte, kam ich zu dem Schluß, daß er sich dieses Lied vielleicht doch oft anhörte.

„Heimlichtuer" sind durch ihre Art, Ärger auszudrücken, außerordentlich frustrierend. Bei einem „Explodierer", der Sie mit Worten oder Fäusten angreift, wissen Sie wenigstens, woran Sie sind. Doch beim „Heimlichtuer" weiß man überhaupt nichts mit Sicherheit, außer daß es immer weitergeht. Jeder Versuch ist vergeblich: Sie sprechen ihn direkt darauf an, und er entzieht sich dem Gespräch; Sie gehen weg, und er beschuldigt Sie, es überhaupt nicht zu versuchen; Sie leisten Ihr Bestes, und es ist nicht gut genug.

Judas war ein „Heimlichtuer". Er ging in die Geschichte ein als der Jünger Jesu, der ihn verriet. Obwohl er wesentlich daran beteiligt war, das wichtigste Ereignis des Christentums in Bewegung zu bringen, hat ihn niemand unschuldig davonkommen lassen. Es war schlimm genug, daß er ein Verräter war. Aber noch schwerer wog, daß er heimlich, hinterhältig und unerträglich indirekt vorging.

Ist es Ihnen nicht auch lieber, wenn man Ihnen direkt in die Augen sieht und Ihnen offen sagt, daß man sich über Sie aufregt? Ich glaube, Menschen, die sich so verhalten, wollen im Interesse einer konstruktiven Lösung direkten Kontakt mit Ihnen herstellen.

„Heimlichtuer" sehen Ihnen nie in die Augen. So direkt sind sie nicht. Und sie sind nicht an konstruktiven Ergebnissen interessiert.

Aber vielleicht sollten wir nicht zu hart mit ihnen umgehen, denn sie sind in tragischer Weise in diesem Stil, mit ihrem Ärger umzugehen, gefangen. Ihre Strategie wird keine Wunder für sie vollbringen. Sie brauchen ein neues „Lied", das sie sich anhören können.

Der raffinierte Schmoller – Ein Meister seines Fachs

Sie kennen Schmoller, die ihre Geringschätzung und ihr Mißfallen zeigen, indem sie die Unterlippe vorschieben und sich mürrisch verhalten. Ein wirklich raffinierter Schmoller hingegen versucht, Geringschätzung zu zeigen, ohne dabei erwischt zu werden. Er tut nie etwas so Offensichtliches, wie seine Unterlippe vorzuschieben. Solch ein Schmoller hat eine enorme Macht. Wenn er mit seiner Masche anfängt, kann er gewaltigen Druck auf eine Gruppe oder eine Einzelperson ausüben. Ganz im Stillen und unmerklich gerät nach und nach alles durcheinander. Waren Sie schon einmal mit solch einem Menschen zusammen?

Wo Sie auch sind – auf dem Tennisplatz, am Eßtisch mit der Familie, auf der Arbeit und in einer Gruppe von Studenten. Der raffinierte Schmoller ist auf jedem Schauplatz und unter allen erdenklichen Umständen anzutreffen.

Wenn der Schmoller sein Spiel noch nicht beherrscht, wird es Ihnen vielleicht gelingen, ihn zu erwischen. Hier sind einige Dinge, auf die Sie achten können: Er ist so angespannt, daß er um nichts in der Welt ein Lächeln auf die Lippen bringt, selbst wenn alle anderen lachen müssen. Da haben Sie ihn erwischt. Oder er wird noch ruhiger, als er eigentlich möchte, und stellt seine Beteiligung ganz ein. Auch seine Bewegungen sind aufschlußreich. Wenn er schmollt, sind sie ruckartig. Sogar wenn er sich am Ohr kratzt, hat sein Arm die doppelte Geschwindigkeit.

Aber wenn er dann ein alter Hase im Schmollen ist, wird es fast unmöglich, ihn zu erwischen. Sie glauben zu wissen, was er tut, denn es liegt dieses Gefühl von Strafe in der Luft. Aber er versucht Sie zu überzeugen, daß Sie sich das nur einbilden. Er redet ein wenig – nicht viel, aber gerade genug. Er lächelt auch – so ein lustloses „Das war nicht besonders komisch"-Lächeln. Aber es verdeckt, was er tut. Und auch in seinen Bewegungen läßt er sich nichts anmerken.

Aber dennoch schmollt er. Er vermittelt Ihnen das Gefühl, daß dies eine ziemlich langweilige, öde Situation ist. Manchmal ist er auf etwas noch Höheres aus und signalisiert Ihnen zum Beispiel, daß es „dumm, schlecht geplant und alles deine Schuld" ist. Eine der wesentlichen Techniken dabei ist, daß er sich von Ihnen entfernt, ohne seinen Körper wegzubewegen.

Erst versucht er, Sie dahin zu bringen, daß Sie sich schuldig fühlen für das, was Sie ihm angetan haben. Dann möchte er, daß Sie sich um ihn kümmern. Und wenn er beides schafft – Sie zu bestrafen und seinen Willen zu bekommen –, dann zieht er den Hauptgewinn.

Können Sie sich vorstellen, daß diese Strategie oft funktioniert – zumindest eine Zeitlang?

Ich möchte Ihnen erzählen, was ich oft mit einem Schmoller erlebe. Nehmen wir an, er tut es beim Tennis. Auf einmal wird er sehr still, macht keine Späße mehr, rennt nicht mehr so schnell hinter dem Ball her und holt auch nicht mehr so stark aus. Meine unmittelbare Reaktion ist, zu überlegen, was geschehen ist. Habe ich etwas getan, wofür ich mich schuldig fühlen muß? Wenn ja, dann suche ich nach der nächsten Möglichkeit, ans Netz zu kommen, damit ich kurz mit ihm plaudern und mich entschuldigen kann.

Aber wenn ich mich schuldlos fühle, beobachte ich ihn

noch etwas länger. Wenn es so aussieht, als ob er nicht mehr spielen will, erkläre ich mich damit einverstanden, und wir hören auf. Gewöhnlich hat er dem Spiel sowieso schon jeden Reiz genommen.

Wenn wir dann zur Bank hinübergehen, frage ich ihn, ob etwas nicht in Ordnung ist. Der Schmoller reagiert auf solch eine Frage niemals offen. Falls der andere doch kein Schmoller sein sollte, erzählt er mir vielleicht, daß er aus irgendeinem Grund, den er selbst nicht richtig begreift, traurig ist oder einfach nur eine ungewöhnlich anstrengende Woche hinter sich hat. Beides kann ich nur zu gut verstehen.

Schmoller sind jedoch nie so direkt. Sie sind verärgert, wollen Ihnen nichts davon erzählen, aber Sie auf jeden Fall dafür bestrafen.

Ich komme in große Konflikte, wenn ich auf einen Schmoller treffe und an der Situation nicht viel ändern kann. Vielleicht ist es die Frau eines guten Freundes oder jemand, mit dem ich beruflich zu tun habe. Wenn diese Person sich nicht ändert, kann die Entscheidung über das richtige Verhalten ihr gegenüber sehr schwierig werden.

Aber Sie können sicher sein, daß Schmoller ihren Ärger zum Ausdruck bringen. Man spürt es sofort. Ihre Art, Ärger auszudrücken, ist sehr ichbezogen und unreif, und sie hat fast nie positive Folgen.

Eines können wir uns bei Schmollern deshalb nie leisten: ihr Verhalten zu verstärken. Wenn wir uns als Reaktion darauf schlecht fühlen, ihnen zu Hilfe eilen oder alles tun, damit es ihnen wieder gut geht, ist es genau das, was sie erreichen wollen, und damit genau das Falsche.

Man muß ihnen helfen, mit ihrem Ärger viel überlegter und konstruktiver umzugehen. Sonst wird es bald niemanden mehr in ihrer Umgebung geben, dem sie schmollen können.

Sarkasmus – Die Kunst, mit Pfeilen zu schießen

„Sie ist urkomisch, aber ich fühle mich in ihrer Nähe immer unwohl. Warum? Ich weiß, sie meint es nicht ernst, wenn sie jemanden so aufs Korn nimmt. Sie will einfach nur Spaß machen." Eine meiner Klientinnen hatte Schwierigkeiten, den „Humor" einer Bekannten mit ihrer Angriffslust in Einklang zu bringen. Doch wenn manche Menschen lustig sind, ist es fast immer auf Kosten anderer. Manchmal machen sie sogar Witze über sich selbst. Kann das denn feindselig sein?

Ja, das kann es. Aggressive Worte, die in beißenden Witz verpackt werden, sollen verletzen, auch wenn sie gegen sich selbst gerichtet sind. Es wirkt doch so lustig; man sollte sich also eigentlich nichts daraus machen. Aber wenn das Lachen erstorben ist, werden die Stahlspitzen sichtbar. Und das Unheil ist angerichtet. Hier wird Ärger auf versteckte Weise ausgedrückt.

Wenn der Pfeil auf andere gerichtet ist, fällt das Lachen leichter. „Ich bin sicher, so würde sie mit mir nie umgehen", sagen Sie sich. Aber schließen Sie darauf keine Wetten ab. Menschen, die gelernt haben, ihren Ärger durch einen Witz zu tarnen, sind bei ihren Zielen nicht wählerisch. Obwohl sie häufig auf Menschen schießen, die nicht anwesend sind, können sie genauso leicht auf die Anwesenden zielen. Jeder gilt als willkommene Beute – besonders jemand, der sie verärgert hat oder ihnen in die Quere gekommen ist.

Was für Menschen sind diese „witzigen" Leute? Nach meiner Erfahrung sind die meisten ungewöhnlich intelligente und kreative Personen. Deshalb können sie so schlagfertig sein und ihre Pfeile mit solcher Genauigkeit abfeuern. Aber ich habe noch zwei weitere Eigenschaften an ihnen entdeckt. Sie achten sehr darauf, wie sie im Vergleich zu anderen abschneiden, und sie nehmen die Gefühle anderer nicht sehr ernst.

Bei den meisten dieser Menschen ist es äußerst schwierig, sich direkt mit ihnen auseinanderzusetzen. Sie sagen dann fast immer: „Entschuldigung, ich habe nur Spaß gemacht. Ich wollte dich auf keinen Fall beleidigen." Und es wird nicht lange dauern – gerade lange genug, daß Sie sich umdrehen können –, bis sie weitere „witzige" Pfeile auf Sie schießen, weil Sie ihr Handeln in Frage gestellt haben.

Dieser versteckte Stil unterscheidet sich, was die Anzahl und Größe der Pfeile angeht. Einige Menschen zielen mit einer Menge sehr kleiner, fast unsichtbarer Pfeile, während andere nur wenige, aber größere abschießen. In beiden Fällen werden andere verletzt – ob sie nun anwesend sind oder nicht.

Der Sarkasmus dieser Leute wird gewöhnlich durch das Gelächter, das sie ernten, verstärkt, deshalb setzen sie ihre Wortspiele und Sticheleien fort. Selten erkennen sie, wie sehr ihr Stil es ihnen erschwert, Beziehungen zu vertiefen. Denken Sie an die Aussage einer Klientin: „Sie ist urkomisch, aber ich fühle mich in ihrer Nähe immer unwohl." Beziehungen, in denen man sich nicht wohlfühlt, werden selten von Dauer sein, geschweige denn vertieft werden.

Außerdem mag es sein, daß der Sarkast schließlich selbst zu Fall kommt, wenn er seine treffsicheren Angriffe gegen sich selbst richtet.

ZWEITER TEIL

Warum wird Ärger so sehr mißverstanden?

Ärger richtig einschätzen lernen

Ich möchte Ihnen den einfachen Aufbau dieses Buchs noch einmal verdeutlichen. Der erste Teil handelte von der falschen Art und Weise, in der viele Menschen mit ihrem Ärger umgehen. Dabei erwähnte ich vier verschiedene Grundtypen: „Explodierer“, „Soma-Menschen“, „Selbstbestrafer“ und „Heimlichtuer“. Vielleicht haben Sie sich selbst in der Beschreibung eines oder mehrerer dieser Typen wiedererkannt.

Der zweite Teil beschreibt genauer, was Ärger ist und wie er sich im Vergleich zu Feindseligkeit, Aggression und Haß darstellt. Der Schluß dieses Teils untersucht die Aussagen der Bibel zu dem Thema und belegt die wachsende Übereinstimmung in der Erkenntnis dieses Phänomens.

Der dritte Teil ist als Trainingshandbuch gedacht, das *Ihnen* dabei helfen soll, ein Experte im Umgang mit Ihrem Ärger zu werden. Wenn Sie sich nach den Vorschlägen richten, bin ich überzeugt, daß Sie beträchtliche Fortschritte in dieser Richtung machen werden.

Es gibt fünf grundlegende Gedanken, die ich im zweiten Teil vermitteln möchte:

1. Die Fähigkeit zum Ärger ist angeboren und so natürlich wie das Atmen.
2. Ärger ist *körperliche* Erregung, durch die wir bereit werden zu handeln. In der Definition von Ärger gibt es nichts, das sich auf das Verhalten bezieht.
3. Beim *Verhalten* geht es darum, wie wir auf unseren Ärger reagieren und ihn *ausdrücken*. Und diese Ausdrucksform haben wir gelernt. Nichts daran ist uns vererbt worden. Deshalb können wir sie auch verändern.
4. Es gibt viele Arten, Ärger auszudrücken. Aggression ist nur *eine* davon. Aber Ärger und Aggression sind voneinander unabhängige Begriffe.
5. Ärger kann konstruktiv ausgedrückt werden. Wenn wir angemessene Wege wählen, unseren Ärger auszudrücken, wird das den Grad der Zufriedenheit in unserem Leben beträchtlich erhöhen.

Es werden noch weitere Themen im zweiten Teil angesprochen werden. Aber wenn wir diese fünf Punkte verstanden haben, können wir zum dritten Teil übergehen, zur Trainingsphase.

Was ist eigentlich Ärger?

Wie bereits erwähnt, erlebt jeder Mensch Ärger. Die Fähigkeit, sich zu ärgern, ist ein beeindruckender Teil unseres biologischen Erbes. Wir werden dadurch in höchste Alarmbereitschaft versetzt. Wenn wir ärgerlich sind, steht uns also die ganze Stärke unserer Person zur Verfügung.

Dies, und nur dies, ist Ärger: Bereitschaft. Stärke.

Lee Iacocca, Aufsichtsratsvorsitzender bei Chrysler, sprach 1983 zu Absolventen der Universität von Michigan und rühmte die Vorteile konstruktiv genutzten Ärgers. „Im Jahr 1979", sagte Iacocca, „gab mir das *Wall Street Journal* den Rat, die *Chrysler Corporation* ‚in Würde sterben' zu lassen.

Ich wurde wütend ... Meine Kollegen in Highland Park wurden wütend. Zehntausende von Chrysler-Leuten überall in Amerika wurden wütend. Wir schlossen uns zusammen, redeten über alles, und gemeinsam brachten wir in Ordnung, was bei Chrysler verkehrt lief.

Wir haben unsere Produktivität verdoppelt, unsere Fabriken modernisiert, die Kosten beschränkt. Wir haben angefangen, Autos und Lastwagen höchster Qualität zu bauen, und unseren Kunden für ihr Geld den besten Gegenwert geboten.

Kurz gesagt, wir haben das Blatt gewendet. Heute verkaufen wir Autos und erzielen hohe Gewinne."

Ärger kann also konstruktiv umgesetzt werden und stellt Ihnen ein hohes Potential an Energie zur Verfügung. Deshalb ist Ärger allerdings auch gefährlich. Falscher Umgang mit all dieser Kraft kann verheerenden Schaden anrichten.

Psychologische Forschungsergebnisse zeigen, daß man Ärger unter die Kontrolle des Denkens stellen kann, um bewußt zu entscheiden, wie man diese Energie nutzen will. Statt auf den Status einer Maschine degradiert zu werden, die angeschaltet wird und dann ohne Kontrolle einfach weiterläuft, können Sie auf dem Fahrersitz bleiben und die Richtung selbst bestimmen.

Wenn Sie feststellen, daß Sie ärgerlich sind, können Sie viel Aufschluß darüber gewinnen, was in Ihnen vorgeht. Fragen Sie sich, warum Sie verletzt oder frustriert sind oder was Ihnen Angst macht.

Sobald Sie das Problem entdeckt haben, können Sie eine Strategie entwickeln, wie Sie damit umgehen wollen. Und Ihr Ärger wird Ihnen die nötige Kraft geben, diese Strategie auch umzusetzen.

Noch etwas muß gesagt werden. Weil Ärger für Ihren Organismus sehr anstrengend ist, sollten Sie diese Energie sogleich umsetzen, damit Ihr Körper sich wieder entspannen kann und Sie frei werden, gute Beziehungen zu Ihren Mitmenschen und zu sich selbst zu pflegen. Die Bibel sagt: „Laßt die Sonne nicht über eurem Zorn untergehen" (Epheser 4,26).

Wenn man diesen Erregungszustand zu lange aufrechterhält, kann dies sogar zu beträchtlichen gesundheitlichen Schäden führen. Im Idealfall sollte Ihr Körper daher nur selten auf diese Weise aktiviert werden. Dies würde die Gesamtmenge an Streß beträchtlich reduzieren. Wenn Sie aber dennoch ärgerlich sind, besteht die Herausforderung darin, die verfügbaren Möglichkeiten schnell und effektiv zu nutzen.

Ärger ist also Bereitschaft und Stärke. Er rüstet uns aus, entschieden im Sinne einer Lösung oder einer Heilung zu handeln, und kann bewußt kontrolliert werden, um konstruktive Ergebnisse herbeizuführen.

Wenn man dem Ärger jedoch freien Lauf läßt, können schwerwiegende negative Konsequenzen folgen.

Deshalb ist die Frage, wie wir mit Ärger umgehen, für uns alle von höchster Bedeutung.

Wie unterscheidet sich Ärger von Aggression?

Wie in der Einleitung erwähnt, werden Ärger und Aggression oft verwechselt. Doch wenn man diese Begriffe richtig verstehen will, muß man sie unabhängig voneinander betrachten.

Aggression bedeutet „Angriff" und ist ein Verhalten, das die Sicherheit oder das Selbstwertgefühl des Opfers bedrohen oder verletzen soll. Ob der Schaden durch Worte, Fäuste oder Waffen entsteht, das Verhalten ist praktisch immer darauf ausgerichtet zu bestrafen und wird häufig von Bitterkeit, Gemeinheit und Spott begleitet. Ein aggressiver Mensch ist oft rachsüchtig.

Aggression ist eine Form der Reaktion auf Ärger, die oft darauf zielt, die Wünsche des Aggressiven durchzusetzen. Manchmal wird sie benutzt, um ein bestimmtes Ziel zu erreichen, während bei anderen Gelegenheiten nur Strafe und Schmerz ihr Zweck zu sein scheinen.

Da Ärger in unserer Gesellschaft und sogar in der Geschichte überwiegend aggressiv ausgedrückt wurde, scheint die Vorstellung berechtigt, daß es zwischen Ärger und Aggression keinen Unterschied gebe. Deshalb hat Ärger manchmal den Ruf, ausschließlich destruktiv zu wirken. Und das ist eine sehr bedauerliche Entwicklung.

Ich möchte hier klarstellen, wie ich Aggression im allgemeinen beurteile. Meiner Meinung nach hat Aggression fast immer langfristige, negative Konsequenzen. Selbst der kurzfristige Gewinn, den sie manchmal erzielt, geht auf lange Sicht meist wieder verloren.

Auch die Forschung bestätigt, daß Aggression selten konstruktiv wirkt, sondern in der Familie, in der Gesellschaft oder zwischen Völkern meist schwerwiegende negative Folgen auslöst.

Wenn ich zum Beispiel sehe, wie Eltern ärgerlich werden und diesen Ärger dadurch ausdrücken, daß sie das Kind schlagen, sage ich oft voraus, daß die langfristigen negativen Resultate dieses Verhaltens die positiven bei weitem überwiegen werden.

Vielleicht fragen Sie sich, warum so viele Menschen ihren Ärger aggressiv ausdrücken. Lassen Sie mich es noch einmal wiederholen: Es handelt sich um ein erlerntes Verhaltensmuster, das durch Vorbilder im Alltag oder im Fernsehen geprägt wird und sich mit der Zeit verfestigt.

Aufgrund der Zusammenhänge, die wir im ersten Teil besprochen haben, wird das aggressive Verhalten regelmäßig durch die kurzfristige Genugtuung verstärkt. So lernt man, Ärger durch Aggression auszudrücken.

Ärger und Aggression sind also völlig verschiedene Dinge. Während Ärger ein körperlicher Zustand der Alarmbereitschaft ist, stellt Aggression nur eine der Möglichkeiten dar, auf diesen Zustand zu reagieren.

Ärger bietet die Möglichkeit, etwas Konstruktives zu leisten, während Aggression fast ausschließlich destruktiv wirkt.

Selbst Fachleute verwechseln Ärger mit Aggression

Eine Reihe ziemlich aktueller Forschungsergebnisse hat zu einer stillen Revolution in der psychologischen Debatte zum Thema Ärger und Aggression geführt.

Diese umfangreiche fachspezifische Materie würde den Rahmen dieses Buches sprengen; Interessierte können sich jedoch in Albert Banduras Buch „Aggression: A Social Learning Analysis“[5] einen ausgezeichneten Überblick verschaffen. Die wichtigsten Punkte möchte ich hier aber wiedergeben.

Psychologen gingen jahrelang davon aus, daß das menschliche Verhalten in erster Linie durch instinktive Kräfte bestimmt werde. Man glaubte, daß aggressives Verhalten geradezu im Wesen des Menschen verankert sei. Dieser biologische Determinismus – die Auffassung, das Verhalten des Menschen sei biologisch vorherbestimmt, führte zu beträchtlichem Pessimismus. Wenn ein Mensch von Natur aus aggressiv ist und diese Aggression unweigerlich in der einen oder anderen Form zum Ausdruck bringt, dann besteht kaum Hoffnung auf eine positive Entwicklung. Die Kombination von instinktiver Aggression, die jedem Menschen durch Vererbung angeboren ist, und das wachsende zerstörerische Potential der technologischen Entwicklung ließen für die Zukunft der Menschheit wenig hoffen.

Inzwischen herrscht jedoch weitgehend Übereinstimmung darin, daß die ursprüngliche Vorstellung von der instinktiven Aggressivität des Menschen falsch ist. Es gibt sogar eindeutige Anzeichen für einen vollständigen Abschied von der traditionellen Freudschen Lehre, die Aggression als angeborenen destruktiven Instinkt betrachtet.

In den aktuellen psychologischen Theorien werden zwei wichtige Unterscheidungen getroffen. Erstens betrachtet man die aggressive Reaktion eines Kleinkindes auf Ärger als zufälliges Verhalten und nicht als Aggression im eigentlichen Sinn. Wenn sich das Kind zu einem späteren Zeitpunkt entscheidet, aggressiv zu reagieren, dann hat es dieses Verhalten erlernt. Man sieht aggressives Verhalten also nicht mehr als angeboren, sondern als eine unter vielen erlernten Reaktionen.

Ich möchte allerdings betonen, daß psychologische Studien im allgemeinen anerkennen, daß in unserer Gesellschaft aggressives Verhalten viel zu oft als normaler Weg akzeptiert wird, Ärger auszudrücken.

Doch wir sind nicht dazu verurteilt, aggressiv zu reagieren. Die Gesellschaft ist aufgefordert, früh in der Entwicklung eines Kindes einzugreifen und ihm zu zeigen, wie es seinen Ärger konstruktiv ausdrücken kann. Bei Erwachsenen besteht die Herausforderung darin, aggressive Verhaltensweisen abzubauen und durch neue Reaktionsweisen zu ersetzen.

Zweitens wird die These einer Katharsis (Läuterung) aufgegeben – zumindest in ihrer früheren Form. Es wurde angenommen, daß sich ein innerer Triebzustand entwickelte, wenn ein Mensch ärgerlich wurde, und daß dieser Trieb durch Frustration verstärkt beziehungsweise durch läuternde Verhaltensweisen gemindert werden könnte.

Die aktuelle psychologische Theorie hat sich jedoch, vor allem durch die Beiträge von Leonard Berkowitz und Albert Bandura, in grundlegender Weise gewandelt. Psychologen gehen nicht mehr von einem inneren Aggressionstrieb aus, der verstärkt oder vermindert werden kann. Nur wenn eine Problemquelle durch aggressives Verhalten beseitigt werden kann, läßt die körperliche Anspannung nach. Ansonsten existieren Ergebnisse, die den Gedanken der Katharsis bestätigen, praktisch nicht. Studien haben vielmehr ergeben, daß aggressives Verhalten fast immer weitere Aggressionen auslöst. Dazu gehören auch Aggression in der Phantasie und das Beobachten eines aggressiven Verhaltens anderer Menschen.

Diese Erkenntnisse haben weitreichende Konsequenzen für unser Zusammenleben. Aggression im Fernsehen, sei es nun in einer Nachrichtensendung oder in einem Krimi, kann zum Beispiel tatsächlich die Wahrscheinlichkeit aggressiver Reaktionen erhöhen.

Auch psychologische Therapien, die den Klienten ermutigen, seinen Ärger durch aggressives Verhalten „abzureagieren", können seine Aggressionen verstärken. In der populären Literatur der letzten zehn Jahre stellten vier oder fünf Bücher Aggression als berechtigte und oft ideale Form dar, Ärger auszudrücken. Diese Position vertraten zum Beispiel Isaac Rubin in seinem populären Buch „The Angry Book"[6] sowie George Bach und Herb Goldberg in „Creative Aggression"[7]. Rubin behauptet: „Ärger auszudrücken reduziert ihn und verkürzt ärgerliche Reaktionen." Er ermutigt seine Leser, ihren Ärger herauszulassen, und erklärt, wenn andere Menschen dadurch verletzt würden, dann sei das ihr Problem!

Bach und Goldberg haben eine ganze Reihe „kreativer Techniken" entwickelt, die den Menschen helfen sollen, ihren Ärger herauszulassen. Sie alle beinhalten den Versuch, Ärger in äußerst aggressiver Weise an anderen Menschen auszulassen.

Erfreulicherweise werden in der neueren Psychologie weit effektivere Techniken entwickelt, die helfen sollen zu kontrollieren, wie man seinen Ärger ausdrückt. So hat eine Anzahl experimenteller Studien ergeben, daß es möglich ist, Vorschulkindern beizubringen, wie sie ihren Ärger völlig konstruktiv ausdrücken können – gänzlich frei von Aggressionen.

Im Mittelpunkt dieser Forschungsarbeiten steht eine neue Betonung des kognitiven Ansatzes, das heißt der menschlichen Fähigkeit, rationale Kontrolle über den Ausdruck von Ärger zu gewinnen und fehlentwickelte Reiz-Reaktions-Muster zu durchbrechen, die früher als unabänderlich galten.

Die Psychologie bestätigt also, daß Ärger ein wichtiger Vorgang ist, der für konstruktive Zwecke genutzt werden kann. Diese Erkenntnis liegt den Prinzipien für den Umgang mit Ärger zugrunde, die in diesem Buch dargestellt werden – Prinzipien, die jeder lernen kann.

Worin unterscheidet sich Ärger von Feindseligkeit und Haß?

Ärger ist etwas ganz anderes als Feindseligkeit und Haß.

Ärger entsteht durch konkrete Erfahrungen, die uns zu schaffen machen, nie Haß, Frustration und Furcht. Wie ich wiederholt betont habe, ist Ärger ein neutraler Zustand, dessen Kraft sich sowohl für konstruktive als auch für destruktive Zwecke einsetzen läßt.

Feindseligkeit hingegen ist eine Einstellung. Menschen, die wir als feindselig betrachten, haben eine allgemein negative Einstellung zu einer Anzahl von Personen oder Ereignissen entwickelt. Wenn man mit ihnen zusammentrifft, ist es, als ob man Stacheldraht berührt. Es bleibt gar nicht aus, daß man sich an der einen oder anderen Stelle etwas zerkratzt. Der Betreffende *tut* es nicht; er *ist* einfach so.

Feindselige Menschen sind oft verbittert und gar nicht daran interessiert, konstruktiv zu handeln. Da sie nicht gelernt haben, Ärger effektiv zu nutzen, behalten sie nach jeder ärgerlichen Erfahrung Groll zurück. Oft sind sie pessimistisch in bezug auf ihre Fähigkeit, ihre Lebenssituation zu ändern.

Haß ist im Grunde genommen nichts als verhärtete Feindseligkeit. Es ist eine feindselige Haltung, die in bezug auf eine Person, Gruppe oder Situation mit der Zeit immer negativer geworden ist.

Die verschiedenen Begriffc, über die wir gesprochen haben, lassen sich in ihrer Beziehung zueinander folgendermaßen beschreiben:

1. Zuerst empfinden wir Verletzung, Frustration oder Furcht.

2. Als Reaktion auf diese Gefühle werden wir körperlich erregt, um uns mit dem auseinandersetzen zu können, was uns verletzt, frustriert oder bedroht hat. Diese körperliche Reaktion ist Ärger.

3. Wenn unsere Art und Weise, Ärger auszudrücken, sich im Laufe der Zeit als ineffektiv erweist und unsere Verletzung nicht beheben kann, bleibt ein Rest von Groll zurück. Wenn sich dieser Groll anstaut, entwickelt sich eine allgemein negative Lebenseinstellung. Diese negative und pessimistische Einstellung bezeichnet man als Feindseligkeit.

4. Wenn sich Feindseligkeit verhärtet, wird sie zu Haß. Haß empfinden wir gewöhnlich gegen Menschen, die uns verletzt haben, bei denen unser Ärger aber keine Veränderung bewirken konnte. Sie zu hassen bedeutet, daß wir wahrscheinlich die Hoffnung verloren haben, eine Lösung dieser Situation bewirken zu können.

Feindseligkeit und Haß sind also das Ergebnis einer langen Reihe frustrierender Erfahrungen.

Was läßt mich aggressiv handeln?

Es gibt absolut *nichts,* was Sie von außen dazu „bestimmen" könnte, aggressiv zu handeln. Wenn Sie aggressiv sind, liegt es daran, daß Sie sich auf einer sehr fundamentalen Ebene dafür entschieden haben.

„Sie können mir doch nicht erzählen, daß es nicht einige Dinge gibt, die mich aggressiv *machen*", sagen Sie jetzt vielleicht. „Wenn mich jemand anschreit oder mir absichtlich in die Quere kommt, *macht* mich das so ärgerlich, daß ich mich einfach wehren muß. Wollen Sie mir erzählen, daß jemand, der mir ins Gesicht spuckt, nicht selbst dafür verantwortlich ist, wenn ich es ihm heimzahle?"

Ich möchte gewiß nicht leugnen, daß die Art und Weise, wie sich Ihr Ärger äußert, in vielen Situationen Ihres Lebens automatisch zu sein scheint. Doch es ist wichtig zu erkennen, daß die Ereignisse und Ihre Reaktion darauf grundsätzlich voneinander unabhängig sind. Die Ereignisse mögen zwar schmerzhaft sein, aber oft beeinflußt Ihre Auslegung dieser Ereignisse Ihre Gefühle und das Ausdrücken dieser Gefühle in beträchtlichem Maße. Und diese Auslegung beruht manchmal auf einem unvernünftigen System von Überzeugungen. Dieses System muß daher regelmäßig überprüft und angepaßt werden.

Möglicherweise haben Sie schon sehr früh gelernt, auf bestimmte Geschehnisse aggressiv zu reagieren. Und Ihre Reaktion wurde so häufig verstärkt, daß sie Ihnen automatisch vorkommt. Wegen dieser automatischen Reaktion geben Sie dem äußeren Anlaß die Schuld für Ihre aggressiven Verhaltensweisen.

Doch nicht äußere Dinge sind für Ihr Verhalten verantwortlich. Sie sind es!

Sie sind sogar in hohem Maße verantwortlich, weil Sie Ihre Reaktionen auf praktisch jeden äußeren Anlaß wesentlich ändern können, egal wie gewohnheitsmäßig sie geworden sein mögen. Und je mehr Sie die Tatsache akzeptieren, daß Sie Ihre Reaktion wählen können, desto mehr Einfluß haben Sie während des Änderungsprozesses. Ihre Gewohnheiten können verändert werden, weil *Sie* verantwortlich sind – nicht irgend jemand oder irgend etwas anderes.

Ein 45jähriger Klient sagte mir einmal, ein bestimmter Gesichtsausdruck seiner 75jährigen Mutter mache ihn „einfach wild“. Immer wenn sie diesen Blick aufsetzte, explodierte er wie ein Pulverfaß. Aus seiner Perspektive war sie – nicht er – für sein aggressives Verhalten verantwortlich. Als ich seine Annahme in Frage stellte, versuchte er, mir die Sache verständlich zu machen. Er hielt es für eindeutig, daß *sie* die Kontrolle über *seine* Aggression hatte.

Er erzählte mir von mehreren Erfahrungen mit seiner Mutter und kehrte mit jedem Bericht weiter in seine Kindheit zurück. „Als ich ungefähr sieben war“, berichtete er schließlich, „wollte ich Ski fahren lernen. Alle meine Freunde fuhren Ski, und ich wollte es unbedingt auch lernen. Eines Abends fragte ich beim Essen, ob ich nicht an einem Skikurs in der Nähe teilnehmen konnte. Mein Freund Hal war auch dabei, und er und seine Familie hatten mich eingeladen, die 45minütige Tour einmal in der Woche mitzumachen. Meine Eltern mußten sich um nichts kümmern. Die Stunden waren sogar umsonst. Doch sie sagten, sie wollten noch darüber nachdenken.

Am nächsten Tag fragte ich meine Mutter noch einmal. Sie sagte, daß Skilaufen für mich zu gefährlich wäre, weil ich mich verletzen könnte. Deshalb dürfte ich nicht mitgehen. Sie machte ein Gesicht, als ob ich etwas Unmögliches verlangt hätte. Das ließ mich explodieren; ich verlor einfach die Kontrolle. Schließlich ging ich raus und schlug die Tür hinter mir zu. Wenig später kam sie mir nach und sagte, sie wollte mit meinem Vater noch einmal darüber reden." Es funktionierte.

Traurigerweise verlor dieser Mann auch mit 45 Jahren noch die Kontrolle, wenn seine Mutter diesen Gesichtsausdruck zeigte. Als Junge war er explodiert und hatte entdeckt, daß diese heftige Reaktion bei ihr funktionierte. Da sie ihn unbewußt bestärkte, wenn er die Beherrschung verlor, tat er es im Laufe der Jahre immer öfter, bis es so automatisch geworden war, daß er dachte, es läge völlig außerhalb seiner Kontrolle. *Sie* ließ ihn so handeln.

Im Lauf der Therapie sah er ein, daß die Kosten für seine Aggression beträchtlich höher waren als alles, was er damit erreichte. Er begann, seine Reaktion auf seine Mutter als Funktion seiner *eigenen* Entscheidung zu sehen. Wie der Baseballspieler Gary Sheridan, über den wir bereits gesprochen haben, unterzog sich dieser Klient einer Reihe sorgfältig geplanter Übungen.

Nach kurzer Zeit hatte er dieses primitive Verhaltensmuster abgelegt. Seine Mutter konnte ihr Gesicht verziehen, wie sie wollte: er konnte selbst über seine Reaktion entscheiden. Er fühlte sich frei, weil er nicht mehr vom Verhalten seiner Mutter abhängig war, sondern selbst die Verantwortung übernahm.

Niemand ist dafür verantwortlich, wie Sie sich in einer bestimmten Situation verhalten. Wenn Sie erkennen, daß Sie selbst entscheiden, wie Sie mit Ihrem Ärger umgehen, macht das einen gewaltigen Unterschied.

Warum entscheide ich mich manchmal dafür zu explodieren?

Ja, so lautet die entscheidende Frage, die jeder für sich beantworten muß.

Zwischen der idealen Antwort auf diese Frage und den Antworten, die die meisten von uns geben müßten, wenn sie ehrlich wären, besteht ein wesentlicher Unterschied.

Es könnte zwar unseren Stolz verletzen, wäre aber eine gute Übung, hinterher offen zuzugeben, weshalb wir uns entschieden haben, auf diese Art und Weise zornig zu werden. „Ich dachte einfach, ich könnte mich dadurch bei ihr durchsetzen." „Ich wurde ungeduldig beim Versuch, alles bis zum Ende durchzusprechen; also entschied ich mich, wütend zu werden." „Ich fühlte mich so frustriert und hilflos, und ich wußte, ich würde eher das Gefühl haben, die Sache selbst in der Hand zu behalten, wenn ich aggressiv würde." „Ich merkte, daß er recht hatte, aber ich wollte nicht nachgeben – also schlug ich los."

Diese Art von Aggression richtet fast immer ein Chaos an und verschlechtert die Beziehung unausweichlich.

Aber das bedeutet ganz sicher nicht, daß es nicht Augenblicke gibt, in denen Ärger für unser Leben wichtig ist. Denken Sie daran: Ärger bedeutet Bereitschaft. Und es ist sinnvoll, bereit zu sein, wenn man etwas Wichtiges zu tun hat und sich zum Beispiel mit einem schmerzhaften Ereignis wirksam genug auseinandersetzen muß, um den Schmerz zu verarbeiten.

Stellen Sie sich zum Beispiel vor, daß Ihr Ehepartner oder ein guter Freund Sie mißversteht und deshalb sich von Ihnen distanziert. Sie fühlen sich sehr frustriert und verletzt und werden ärgerlich. Ihr Ärger ist entscheidend für die Heilung Ihrer Beziehung, aber Sie haben die Wahl, wie Sie auf diesen Ärger reagieren. Sie können schreien, schmollen, Gegenstände durch die Luft werfen oder so tun, als wäre Ihnen alles gleichgültig, obwohl Sie durch die Anspannung Kopfschmerzen bekommen. Oder Sie können sich hinsetzen und eine Strategie entwickeln, um das Mißverständnis zu klären und die Verletzung zu heilen.

Ärger kann eine konstruktive Reaktion auf unzählige Situationen sein, die bei Ihnen Verletzung, Frustration oder Furcht verursachen. Nehmen wir als Beispiel Kritik. Jede Kritik enthält im Kern eine Beurteilung. Wenn jemand Sie beurteilt, legt er einen Maßstab an und vergleicht Ihre Qualitäten mit seinen Erwartungen. Wenn Sie ihnen nicht entsprechen, werden Sie unter Umständen mit weniger Respekt behandelt. Das verletzt. Und wenn Sie mit dem Ergebnis dieser Beurteilung übereinstimmen, fühlen Sie sich doppelt frustriert.

„Sie sind ärgerlich. Gut, dann benutzen Sie Ihren Ärger, um mit der Verletzung fertigzuwerden. Wenn Sie keinen Ärger fühlen würden, hätten Sie wenig Möglichkeiten für eine heilsame Reaktion. Und sicher wollen Sie nicht ewig nur dasitzen und sich verletzt fühlen würden. Ihr unmittelbares Ziel besteht darin, mit der Verletzung so wirksam umzugehen, daß Sie sie beseitigen können. Und dazu stehen Ihnen zahlreiche Wege zur Verfügung. Höchstwahrscheinlich werden Sie an sich selbst arbeiten – an Ihren Erwartungen und/oder Ihrem Verhalten.

Auch bei Frustration kann Ärger hilfreich sein. Frustration ist gewöhnlich eine Reaktion auf Hindernisse. Wenn Sie nicht tun können, was Sie zu tun versuchen, oder wenn andere Menschen Ihre Erwartungen nicht erfüllen (zum Beispiel, Sie zu verstehen, zu schätzen oder sich um Sie zu kümmern), fühlen Sie sich frustriert. Klug eingesetzter Ärger kann Ihnen helfen, die Frustration zu verringern oder sogar zu beseitigen. Vielleicht sind Sie immer noch nicht in der Lage, Ihr Ziel zu erreichen, aber Sie können es Ihren Möglichkeiten anpassen oder die richtige Zeit abwarten. Es gibt zahlreiche Wege, Frustration abzubauen. Aber sie alle erfordern ein hohes Maß an Konzentration. Und das ist der Punkt, an dem Ärger eine entscheidende Rolle spielt.

Schließlich hilft Ärger uns auch, angemessen auf Furcht zu reagieren. Furcht tritt gewöhnlich dann auf, wenn etwas bedroht wird, das für uns wertvoll ist. Wenn unser Selbstwertgefühl, unsere äußere Sicherheit, ein naher Verwandter oder unsere Gesellschaft bedroht ist, fürchten wir uns.

Unsere Furcht löst Ärger aus, der uns darauf vorbereitet, die Bedrohung zu beseitigen. Wir lassen uns durch die Furcht nicht lähmen, sondern setzen uns mit dem Ursprung der Furcht in positiver und konstruktiver Weise auseinander.

Warum bin ich manchmal ärgerlich? Weil ich bereit werden muß, effektiv mit meinem Leben fertigzuwerden. Mit welchen Situationen meines Lebens kann ich durch den richtigen Umgang mit Ärger am effektivsten fertigwerden? Mit denjenigen, die bei mir Verletzung, Frustration und Furcht auslösen. Und was ist das eigentliche Ziel eines konstruktiv ausgedrückten Ärgers? Mit den inneren und äußeren Ursachen der Furcht, Frustration oder Bedrohung so umzugehen, daß ich meinen inneren Schmerz auf ein absolutes Minimum reduzieren kann.

Muß ich es sagen, wenn ich verärgert bin?

Wenn Sie ärgerlich sind, empfinden Sie fast immer irgendeine Form von Schmerz. Und Ihr oberstes Ziel kann einfach darin bestehen, so effektiv mit der Ursache Ihrer Verletzung umzugehen, daß Sie keinen Schmerz mehr empfinden. Dieses Ziel wird Sie leiten, wenn Sie eine Strategie entwickeln, um Ihren Ärger auszudrücken.

Ob Sie einem Menschen also mitteilen, daß Sie über ihn verärgert sind, wird davon abhängen, für welchen Umgang mit dem Schmerz Sie sich entscheiden. Dafür gibt es keineswegs feste und unabänderliche Regeln.

Einige Psychologen und Psychiater sind ausschließlich für das „Mitteilen". Wenn ihr Patient über jemanden verärgert ist, dann raten sie ihm sofort, dieses Gefühl mitzuteilen. Sie argumentieren, daß man Ärger mit Worten abbauen könne und dann nicht mehr das Gefühl habe, mit seinem Schmerz wie in einer Falle zu sitzen. Diese Psychologen benutzen Formulierungen wie „es sich von der Seele reden" oder „die Atmosphäre reinigen".

Außerdem glauben sie, daß die anderen dadurch erfahren, wie sie am besten mit Ihnen umgehen sollten. Und wenn Sie ihnen die Möglichkeit geben, gemeinsam an dem zugrundeliegenden Problem zu arbeiten, kann es sein, daß Sie beträchtliche Hilfe auf dem Weg zu Ihrem eigentlichen Ziel bekommen.

Diese Leute argumentieren, daß die Sprache ein hervorragendes Mittel ist, unsere heikelsten Probleme konstruktiv mitzuteilen, sogar unter höchst streßgeladenen Umständen.

Zwei weitere Argumente lassen sich für diese Positionen anführen. Wenn Sie Ihren Ärger mitteilen, setzen Sie zumindest irgend etwas in Bewegung. Außerdem schalten Sie drei Risiken aus, die bestehen, wenn man seinen Ärger überhaupt nicht benutzt: Erstens, daß man seinen Ärger in versteckter Weise herausläßt, was kaum eine positive Auswirkung hat, zweitens, daß man ihn körperlich verarbeitet, und drittens, daß man sich selbst angreift und das Selbstwertgefühl herabsetzt.

Viele Gründe sprechen jedoch auch dafür, in bestimmten Situationen Ärger nicht mitzuteilen. Viele Psychotherapeuten betonen vor allem die negativen Konsequenzen einer Verbalisierung.

Zum einen erfordert es sehr viel Geschick, jemandem zu sagen, daß man über ihn ärgerlich ist, ohne ihm gleichzeitig die Schuld dafür zuzuschieben. Wenn der andere glaubt, daß Sie ihm die Schuld geben – was Sie vielleicht gar nicht tun –, geht er in die Defensive, was das Problem eventuell nur noch vergrößert.

Zum anderen macht man es sich unter Umständen zu leicht, wenn man jemandem mitteilt, daß man über ihn verärgert ist. Es kann zu einem oberflächlichen Prozeß führen, in dem keiner von Ihnen beiden das wahre Problem anspricht. In diesem Fall haben Sie nichts gewonnen, sondern sogar noch die Mittel verschwendet, die im Laufe der Zeit Fortschritte bewirkt hätten.

Ich habe festgestellt, daß Menschen, die ihren Ärger sofort mitteilen, häufig nach oberflächlichen Lösungen suchen. Sie wollen oft einen Prozeß verkürzen, der schwierig oder schmerzhaft erscheinen mag. Manchmal täuschen sie sich selbst und glauben, die Sache sei erledigt, wenn sie ihren Ärger mitgeteilt haben. Dabei haben sie kaum begonnen.

Doch so nützlich diese Überlegungen sein mögen, der wesentliche Punkt bleibt, daß *Sie* derjenige sind, der die Verantwortung für Ihren Ärger und Ihren Umgang damit trägt. *Sie* müssen alles beurteilen, was Sie erleben und warum Sie es erleben. Schließlich sind *Sie* auch derjenige, der eine Lösung entwickeln muß, und dabei sind Hunderte von Einzelheiten zu berücksichtigen. Wenn Ihre Strategie beinhaltet, anderen mitzuteilen, daß Sie ärgerlich sind, gut. Aber Ihre Strategie könnte auch einen völlig anderen Umgang mit dem Problem beinhalten, der es erfordert, Ihren Ärger für sich zu behalten.

Es ist *Ihr* Ärger. Und Sie haben die Verantwortung dafür, ihn wirksam zu benutzen, um Ihr Problem zu lösen und die Dinge wieder in Ordnung zu bringen.

Sie müssen es keinem erzählen. Doch unter bestimmten Umständen werden Sie sich aus guten Gründen entscheiden, es zu tun.

Muß ich mich schämen, wenn ich Ärger empfinde?

Martha war 32, schüchtern, aber ungewöhnlich hübsch. Ihr Ehemann war ein höchst erfolgreicher Händler aus Brasilien. Seit ungefähr fünf Jahren waren sie verheiratet – glücklich in der ersten Zeit, bis seine Mutter vor zwei Jahren bei ihnen eingezogen war. Martha fühlte sich dieser starken, dominanten Frau, die so viele Forderungen an sie und ihren Mann stellte, überhaupt nicht gewachsen.

„In ihrer Nähe fühle ich mich immer unterlegen", sagte Martha. „Mein Mann sagt, ich solle mich ihr gegenüber behaupten und sie wissen lassen, daß sie mich nicht kontrollieren kann. Aber das schaffe ich nur, wenn ich ärgerlich bin, und dann schäme ich mich immer. Was bin ich für ein Mensch, daß ich immer so ärgerlich werde?"

Ich habe viele Menschen kennengelernt, die sich schämen, wenn sie ärgerlich werden. In unserer Kultur scheint es eine ungeschriebene Regel zu geben, daß jeder Ärger unangemessen ist – ungefähr so, als würde man um die Mittagszeit im Schlafanzug über die Fußgängerzone spazieren. So verbreitet diese Regel auch sein mag, sie ist schlecht durchdacht und wird im allgemeinen mißverstanden.

Ärger zu empfinden ist etwas vollkommen Natürliches. Diese Fähigkeit ist ein wesentlicher Bestandteil unseres biologischen Erbes. Wenn Sie keinen Ärger empfinden könnten, wären Sie unfähig, sich effektiv mit Dingen auseinanderzusetzen, die Ihnen Schmerzen bereiten und die unweigerlich immer wieder passieren. Anstatt sich über Ihren Ärger zu schämen, wäre es also besser, ihn als gegeben zu betrachten und sich an die Aufgabe zu machen, auf die er Sie so effektiv vorbereitet.

Der Grund, warum die meisten Menschen bei Ärger Scham empfinden, hat mit den Ausdrucksformen des Ärgers zu tun. Wenn jemand sagt: „Ich war verärgert über ihn", dann meint er wahrscheinlich, daß er Ärger empfand und ihn in aggressiver Weise ausdrückte. Vielleicht schrie er, benutzte abwertende Ausdrücke oder handelte explosiv. Und nun schämt er sich. Allerdings nicht, weil er ärgerlich wurde – obwohl er es so formuliert –, sondern weil er seinen Ärger aggressiv zum Ausdruck brachte. Manche schämen sich, weil sie ihren Ärger versteckt ausgedrückt haben – zum Beispiel durch Sarkasmus oder Schmollen –, andere schämen sich wegen ihrer Magengeschwüre oder ihrer Depression.

In dem Maße, wie wir unseren Ärger destruktiv ausgedrückt haben, ist unsere Scham angemessen, besonders wenn sie uns dazu bringt, unser Verhalten noch einmal zu überdenken. Wir können auch zu Recht beschämt sein, weil die Situation, die uns verärgert hat, in Wirklichkeit keinen Grund dazu bietet. Wenn Sie zum Beispiel feststellen, daß Sie ungewöhnlich viele Situationen als Bedrohung empfinden und deshalb ärgerlich werden, müssen Sie möglicherweise an Ihrem Selbstbild arbeiten. Eventuell haben Sie Ihr Selbstwertgefühl auf ein wackeliges Fundament gegründet. Wenn das der Fall ist, können Sie es ändern. Vielleicht ist es auch nötig, Ihre Ziele zu modifizieren oder mehr Disziplin und Effektivität zu entwickeln, damit Sie Ihre Ziele erreichen können.

Die Fähigkeit, Ärger zu empfinden, ist also sehr wertvoll und bietet im allgemeinen keinen Grund zur Scham. Wenn

Ärger aber destruktiv zum Ausdruck kommt, kann Scham eine wichtige Funktion erfüllen, wenn sie uns veranlaßt, über uns selbst nachzudenken.

Unter Umständen werden dadurch sogar wesentliche Probleme in unserer Selbsteinschätzung aufgedeckt, so daß wir erkennen, wie wir unser Selbstbild korrigieren können.

Woher wissen Sie, ob Ihre Thesen über den Ärger stimmen?

Wenn Sie jetzt vor mir säßen, hätten Sie vielleicht einige Fragen über meine Ausführungen. Und die Hauptfrage könnte lauten: „Woher wissen Sie, ob Ihre Thesen über den Ärger stimmen?“ Auf diese Frage möchte ich antworten.

Ich glaube aus drei Gründen, daß ich recht habe. Der erste hat mit meiner persönlichen Erfahrung zu tun. Wie bereits erwähnt, ist Ärger eine Gefühlsregung, mit der ich selbst große Schwierigkeiten hatte. Zu lernen, wie ich auf meiner Suche nach einem befriedigenden Leben Ärger zu einem wichtigen Verbündeten machen konnte, war jahrelang ein verwirrender und frustrierender Kampf für mich.

Die Person, die mich seit der Schulzeit am meisten beeinflußte, war ein Freund, der in einer ähnlichen Familie aufwuchs wie ich. Sein Vater hatte eine starke Persönlichkeit und war in unserer Stadt einflußreich. Sein Vorbild prägte seinen Sohn und mich in vielen Bereichen unseres Lebens, besonders aber in der Art, wie wir mit unserem Ärger umgingen.

Wenn ich zurückschaue, kann ich feststellen, daß mein

Freund und ich mindestens zwei Fehler begingen. Meistens wählten wir den versteckten, indirekten Ansatz, aber in regelmäßigen Abständen explodierten wir auch.

Unsere Heimlichtuerei war weit entwickelt. Sarkasmus war unsere Spezialität, aber wir ließen keine indirekte Ausdrucksform unerforscht. Wir spielten anderen jeden erdenklichen Streich, der uns in den Sinn kam, und brachten unseren Ärger zum Ausdruck, ohne es überhaupt zu merken.

Unsere Wutausbrüche zielten darauf ab, einer mühsamen, aber offensichtlich nötigen Auseinandersetzung mit unseren Gefühlen auszuweichen. Und leider wurde diese Strategie häufig verstärkt. Eine der schwersten Lektionen, die ich lernen mußte, habe ich schon erwähnt: Die kurzfristigen Gewinne sind im Vergleich zu den langfristigen Verlusten verschwindend gering. Aber heute weiß ich, wie sehr sich ein disziplinierter Umgang mit diesem Bereich lohnt.

Ich glaube jedoch nicht nur aufgrund eigener Erfahrungen, daß ich recht habe, denn der größte Teil meiner Analysen stammt aus jahrelanger Beratungspraxis.

Mittlerweile bin ich sicher, daß die meisten Menschen bestenfalls über ihren Ärger verwirrt sind. Entweder halten sie jeden Ärger für unzulässig oder sie unterscheiden nicht zwischen Ärger und Aggression beziehungsweise zwischen Ärger und Feindseligkeit. Ärger bleibt für sie ein reichlich unerforschtes Gebiet, das Frustration und Hoffnungslosigkeit bedeutet.

Die meisten Menschen, die ich beraten habe, entwickelten sich im Laufe ihres Lebens zu „Explodierern", „Soma-Menschen", „Selbstbestrafern" oder „Heimlichtuern". Sie wußten nicht, daß ihr Verhalten im Umgang mit Ärger erlernt und deshalb veränderbar war. Eine solche Verhaltensänderung geschieht zwar weder von heute auf morgen noch ist sie einfach. Sie kostet Zeit und harte Arbeit, aber die Bemühungen zahlen sich unweigerlich aus.

Drittens glaube ich, daß meine These über Ärger stimmt, weil ich sie über meine persönliche sowie therapeutische Erfahrung hinaus auch in der Bibel und in der heutigen Psychologie bestätigt sehe. Bevor wir zum dritten Teil gehen, möchte ich diese bestätigenden Hinweise kurz zusammenfassen.

Die Lehre der Bibel über den Umgang mit Ärger

Der jüdisch-christliche Glaube hat für die Geschichte Europas und die heutige Gesellschaft vieler europäischen Länder Bedeutung, und die Quelle seiner Autorität ist die Bibel – das Alte und das Neue Testament. Da diese Schriften einen so weitreichenden Einfluß haben, läßt sich ihre Bedeutung für unsere Kultur kaum ermessen.

Eine Analyse der biblischen Lehre über den Ärger führt unweigerlich zu Mißverständnissen, wenn man nicht erkennt, daß die Autoren der Bibel nicht oft zwischen menschlichem Ärger und Aggression unterschieden. In den meisten Fällen setzten sie voraus, daß Ärger mit aggressivem Verhalten verbunden war.

In der jüdisch-christlichen Geschichte ist häufig von Ärger – die meisten Bibelübersetzungen wählen den Begriff Zorn – die Rede. Allein im Alten Testament wird einige hundert Male gesagt, daß Gott zornig war. Auch Jesus wurde oft zornig über die Pharisäer, die ihn und seine Jünger bekämpften. Führende Gestalten der ganzen biblischen Geschichte – Propheten, Könige und andere offiziell bestätigte Leiter – werden häufig als zornig beschrieben. Als Mose zum Beispiel feststellte, daß die Israeliten sich ein goldenes Kalb gemacht hatten, um es anzubeten, „entbrannte sein Zorn und er zerschmetterte die Steintafeln, die das Gesetz enthielten" (2. Mose 32,19).

Doch die biblischen Schriften sehen Ärger oder Zorn als äußerst gefährlich an. Die Bibel lehrt zwar eindeutig, daß Menschen selbst entscheiden können, wie sie mit ihrem Ärger umgehen, aber sie legt eine starke Betonung auf die fast unausweichliche Verbindung zwischen Ärger und Aggression. In der Weisheitsliteratur des Alten Testaments (Hiob, Psalmen, Sprüche und Prediger), welche das Thema Ärger am ausführlichsten behandelt, und fast überall im Neuen Testament wird Ärger als gefährlich und destruktiv beurteilt. Einige Stellen enthalten die ausdrückliche Warnung, sich von Zorn zu distanzieren, selbst wenn es ein Zorn ist, den man für gerechtfertigt hält. Die Bibel bezeichnet den geduldigen Menschen oft als weise, während sie den Zornigen als Narren einstuft.

Ohne Frage beurteilt die Bibel jede Äußerung von Ärger negativ, sofern sie Aggression beinhaltet. Und weil Ärger so oft aggressiv ausgedrückt wird, warnt die Bibel ihre Leser immer wieder vor dieser Gefahr. Wenn wir unsere Analyse der biblischen Lehre jedoch an diesem Punkt abbrechen würden, hieße das, weitere wichtigen Aussagen zu ignorieren.

Die Bibel betrachtet Ärger als eine biologische Gegebenheit. Die hebräischen Begriffe, die mit „zornig sein" übersetzt werden, bedeuten wörtlich „schnauben" und „heiß oder leidenschaftlich sein". Ärger hat demnach eine physische Komponente.

Zweitens würde durch das Verbot jeden Zorns gerade der Eifer verloren gehen, der ein Wesensmerkmal des jüdisch-christlichen Glaubens ist. Denn genaugenommen liegt die entscheidende Stoßkraft der Bibel im Eifer Gottes, der aus seiner Enttäuschung und seinem berechtigten Zorn über die ständigen Gesetzesübertretungen der Menschen geboren wurde und darin gipfelte, daß er seinen einzigen Sohn sandte, um seine Beziehung zur Menschheit auf der Basis eines neuen Bundes wiederherzustellen, der über das Gesetz hinausgehen sollte.

Drittens erkennt die Bibel, daß geleugneter Ärger unweigerlich zu Bitterkeit führt, die äußerst zersetzend wirkt. Deshalb fordert sie uns auf (Matthäus 5 und Epheser 4), Zorn schnell zu beheben. Im Epheserbrief steht, daß man die Sonne nicht untergehen lassen soll, solange man noch zornig ist. Und im Matthäusevangelium werden die Zuhörer aufgefordert, erst einmal Differenzen mit anderen Menschen beizulegen, bevor sie zum Altar kommen.

Schließlich gibt es Hinweise darauf, daß Zorn an sich nicht verurteilt wird, solange er nicht in falscher, destruktiver Weise umgesetzt wird. Wenn der Apostel Paulus sagt: „Zürnt ihr, so sündigt nicht" (Epheser 4,26), dann geht es ihm darum, daß Ärger nicht in einer Weise ausgedrückt werden soll, die anderen Menschen schaden würde. Aggressives Verhalten ist dabei ausgeschlossen.

Wenn die zugrundeliegende Verletzung, Frustration oder Furcht eine Reaktion auf die Mißachtung wesentlicher Werte ist und wenn Sie diesen Ärger konstruktiv ausdrücken können, um den Lauf der Dinge zu verändern, dann ist dies zulässig. Das ist ja auch die Art, wie Gott nach den biblischen Berichten selbst handelte.

Es ist wichtig zu verstehen, daß die jüdisch-christliche Tradition eine Lösung für das Problem des falschen Umgangs mit Ärger anbietet. Sie zeigt, daß unser größter Feind die Unsicherheit ist, die wir erfahren, wenn wir verzweifelt versuchen, vor anderen gut dazustehen. Wenn wir Menschen zum Richter unserer Qualitäten machen, fühlen wir uns in ihrer Mitte unweigerlich verunsichert. Wir werden von ihrer Beurteilung abhängig und entfernen uns immer mehr von unserer wirklichen Identität. Das führt zu Frustrationen und erregt unweigerlich unseren Ärger.

Die Bibel sagt, daß diese Art der Verunsicherung unnötig ist. Gottes neuer Bund mit dem Menschen beruht auf seiner bedingungslosen Liebe und der vollkommenen Versöhnung zwischen dem Menschen und Gott. Und diese Versöhnung ist unabhängig von allem, was Menschen tun könnten, um sie zu „verdienen“.

Dies ist der entscheidende Punkt: Wer diese bedingungslose Liebe angenommen hat, wird fähig, Ärger bewußt anzugehen, sich mit den Ursachen des Schmerzes auseinanderzusetzen und die eigentlichen Schwierigkeiten zu beheben.

DRITTER TEIL

Ein Trainingshandbuch

Wie Sie im Umgang mit Ihrem Ärger Experte werden können

Es gibt wenige Erfahrungen im Leben, die so aufregend sind wie das Bewußtsein, ein Experte im Umgang mit Ärger geworden zu sein. Wenn Sie sich oft als Geisel Ihrer Wutausbrüche gefühlt haben, ist die Fähigkeit, Probleme durch konstruktiven Umgang mit Ärger zu lösen, sicherlich ein äußerst attraktives Ziel. Oder wenn Ihr versteckter, indirekt ausgedrückter Ärger wertvolle Beziehungen zerstört, körperliches Leiden verursacht oder ein negatives Selbstbild hervorgerufen hat, muß ich Sie gewiß nicht daran erinnern, wie schön es wäre, diesen Bereich Ihres Lebens völlig unter Kontrolle zu bekommen.

Ich möchte keinen Zweifel lassen: *Jeder* Mensch kann seinen Ärger in den Griff bekommen. Wenn Sie ein „Explodierer“ sind, können Sie Ihre destruktive Gewohnheit durchbrechen. Wenn Sie Ihren Ärger an Ihrem eigenen Körper ausgelassen haben, können Sie damit aufhören. Wenn Sie Ihr Selbstbild durch fehlgeleiteten Ärger zerstört haben, können Sie Ihre Einschätzung verändern. Jeder Mensch kann konstruktive Wege entwickeln, um seinen Ärger auszudrücken und gleichzeitig alte destruktive Verhaltensmuster abzulegen.

Doch kann ich Ihnen die harte Arbeit, die dazu erforderlich ist, nicht ersparen. Erwarten Sie nicht, daß Sie nach dem Lesen dieses Buches plötzlich ein anderer Mensch geworden sind. Nach der Lektüre werden Sie zwar wissen, *wie* Sie ein anderer Mensch werden können, aber der Weg dahin wird Ihre größten Bemühungen erfordern. Ich kann Ihnen sagen, worauf Sie achten, wo Sie anfangen, worauf Sie Ihre Zeit verwenden sollten, aber Sie sind derjenige, der die Arbeit tun und die Disziplin aufbringen muß.

Ein Experte zu werden ist nie leicht, aber nichts kann ein so tiefes Gefühl innerer Befriedigung vermitteln. Und ein Experte im Umgang mit Ärger zu werden ist ein Ziel, das jeder Mühe wert ist, weil es weitreichende Auswirkungen auf Ihr eigenes Leben und Ihre Beziehungen zu anderen Menschen haben wird.

Prinzip 1:
Das Selbstwertgefühl stärken

Das beste Fundament: Ein solides Selbstbild

Verletzungen des Selbstwertgefühls durch Beleidigung oder Demütigung sind vermutlich die stärksten Auslöser für Ärger, die wir kennen. Wenn Sie ein Experte im Umgang mit Ihrem Ärger werden möchten, müssen Sie daher als erstes Ihr Selbstbild in Ordnung bringen. Nichts ist so wichtig wie ein solides Selbstbild, wenn es darum geht, die Verantwortung für Ihr Leben zu übernehmen.

Dafür gibt es mindestens zwei Gründe. Erstens haben Sie mehr Energie für die Herausforderungen Ihres Lebens, wenn Ihr Selbstbild stimmt und Ihre Selbstwert-Reserven ausreichen. Auf dieser Basis werden Sie bereit, aufkommende Probleme zu durchdenken und entschieden dagegen vorzugehen. Zweitens werden Sie Ihre Erfahrungen seltener als frustrierend, bedrohlich oder verletzend empfinden, weil Sie sich selbst positiv einschätzen. Sie werden Erfahrungen leicht bewältigen, die bei nicht so positiver innerer Einstellung Schwierigkeiten darstellen könnten.

Außerdem verstärken sich diese Faktoren gegenseitig: Je positiver Sie sich selbst sehen, desto weniger Ärger werden Sie empfinden und desto wirksamer werden Sie Ihren Ärger verarbeiten. Und je effektiver Sie mit Ihrem Ärger umgehen, desto besser werden Sie sich fühlen. Die Fähigkeit, Ärger konstruktiv umzusetzen, ist sogar ein Kriterium für ein starkes Selbst.

Das ist das Schöne daran, wenn Sie gleichzeitig an Ihrem Selbstbild arbeiten *und* Einsicht in Ihren Ärger gewinnen. Jede Verbesserung in einem Bereich kommt auch dem anderen zugute. Und wenn Sie beide Bereiche zugleich fördern können, steigern Sie ihr Wachstum enorm. Das ist es, was ich mir für Sie wünsche.

Deshalb kommt es jetzt auf Sie an. Ihr Ziel sollte sein, sich selbst immer positiver zu sehen, denn je stärker Ihr Selbstwertgefühl wird, desto leichter wird es Ihnen fallen, mit Ihrem Ärger richtig umzugehen.

Die entscheidende Dynamik: Bedingungslose Liebe

Ihr Selbstwertgefühl ist davon abhängig, daß Sie geliebt werden – bedingungslos. Ich kann es auch deutlicher ausdrücken. Der Grad, bis zu dem Sie bedingungslos geliebt werden, *bestimmt* die Höhe Ihres Selbstwertgefühls. Bedingungslose Liebe ist absolut entscheidend.

Aber was ist das eigentlich? Wo findet man sie? Woran merkt man, daß man sie erfahren hat? Und wie funktioniert sie?

Bedingungslose Liebe hat zwei grundlegende Eigenschaften: Erstens ist sie nicht vom objektiven Wert der geliebten Person oder Sache abhängig, und zweitens stellt sie keinerlei Bedingungen. Dabei ist völlig unerheblich, ob die Liebe auf Gegenseitigkeit beruht. Man denkt nicht einmal darüber nach, ob der andere etwas ebenso Wertvolles zurückgeben kann.

Eine solche Liebe kann Ihr Leben völlig verwandeln. Sie hebt Ihr Selbstwertgefühl und setzt Sie frei, der Mensch zu werden, der Sie in Ihrer Einzigartigkeit ursprünglich werden sollten. Und wenn Sie diese Freiheit erleben, müssen Sie sich einfach gut fühlen, wenn Sie daran denken, wer Sie selbst sind.

Wo finden Sie solch eine Liebe? In unserer Welt ist sie offensichtlich eine Seltenheit, denn meist wird Liebe an Bedingungen geknüpft: „Wenn du mich liebst, liebe ich dich auch." „Ich will dein Freund sein, wenn du mein Freund wirst." „Ich werde für dich sorgen, solange du meine Bedingungen erfüllst." Eigentlich sind das geschäftliche Vereinbarungen – ausgehandelte Verträge.

Falsch an dieser Art von Liebe ist, daß man sie sich *verdienen* muß. Es kann gut sein, daß Sie Ihr wahres Selbst verleugnen müssen, um sie zu bekommen. „Ich liebe dich, solange du nicht anfängst zu weinen – solange du ein artiges Baby bleibst." „Ich liebe dich, solange du in der Schule gute Noten bekommst." „Ich liebe dich, solange du stark bist und gut für uns sorgst." „Ich liebe dich, solange du schön bist, solange du meine Bedürfnisse befriedigst, solange du das Haus sauberhältst, *solange du* . . ." Das ist die Liebe, an die wir gewöhnt sind.

Aber wir möchten geliebt werden, *ohne daß es dafür einen besonderen Grund gäbe*. Wir wollen als die Menschen geliebt werden, die wir wirklich sind, ohne fürchten zu müssen, wir könnten diese so entscheidende Liebe verlieren.

Wo ist *diese* Art von Liebe zu finden? Carl Rogers, einer der herausragendsten amerikanischen Psychologen, nennt diese Liebe „bedingungslose positive Wertschätzung" oder „nicht-besitzergreifende Wärme". Er sagt, daß sie für den Prozeß der Persönlichkeitsveränderung entscheidend ist, und daß ein effektiver Therapeut seinem Klienten diese Art von Liebe vermitteln kann.

Es gibt Augenblicke, in denen wir uns auch von anderen Menschen auf diese Weise geliebt fühlen – von Eltern, Freunden, Lebenspartnern oder Kindern. Allerdings können wir nie sicher sein, ob wir auch dann noch geliebt werden, wenn wir die unterschwelligen Bedingungen dieser Personen nicht mehr erfüllen.

Jeder von uns sehnt sich danach, diese Liebe zu erfahren.

Während meines Studiums erwähnte ein Professor, den ich

sehr respektierte, daß die zentralen Aussagen des christlichen Glaubens den Gedanken der bedingungslosen Liebe widerspiegeln. Er redete über das griechische Wort „Agape“ und zeigte, daß die gute Nachricht der Christen darin besteht, daß jeder Mensch bedingungslos geliebt wird. Er erklärte, daß Jesus sein Leben hingegeben hat, um in das Gewebe unseres Seins eine neue Wahrheit einzuflechten – die Wahrheit, daß jede Person ohne Bedingungen geliebt wird. Seitdem ich mich entschieden habe, dies zu glauben, habe ich mich darum bemüht, wirklich zu begreifen, was diese Wahrheit für mich bedeutet.

Ich stelle fest, daß man sich nur sehr schwer von dem Versuch lösen kann, Liebe verdienen zu wollen. Das unausgesprochene Prinzip unserer Gesellschaft, daß man bekommt, was man verdient, ist tief in unserem Denken verankert. Darüber hinaus habe ich festgestellt, daß es zu Unabhängigkeit führt, wenn sich Liebe verdienen läßt. Könnte man diese Technik beherrschen, würde man niemanden mehr brauchen.

Solange ich versuchte, mir Liebe zu verdienen, mußte ich die Bedingungen der anderen erfüllen. Im Grunde genommen überließ ich ihnen dadurch die Verantwortung für mein Leben und entfernte mich immer mehr davon, wirklich ich selbst zu sein.

Woran merkt man, daß man diese Art von Liebe erfahren hat? Wenn es nichts gibt, was Sie tun oder sein mögen, das zwischen Sie und die Liebe treten könnte, die ein anderer Mensch für Sie empfindet, dann wissen Sie, daß Sie bedingungslos geliebt werden.

Und wie funktioniert diese Liebe? Ich glaube, bedingungslose Liebe befreit uns von dem, was Rogers „Wertbedingungen“ nennt. Wir müssen nicht mehr etwas ganz Bestimmtes sein, um geliebt zu werden. Wir können uns auf den Weg machen, uns selbst zu entdecken, ohne daß das Ziel schon feststeht. Jeden Augenblick können wir einfach wirklich wir selbst sein.

Da schließt sich also der Kreis. Richtiger Umgang mit Ärger erfordert ein starkes, positives Selbstempfinden. Ein starkes Selbstempfinden setzt bedingungslose Liebe voraus, und die macht Sie frei, sich selbst zu entdecken.

Wo immer Sie diese Liebe auch finden: Halten Sie sie fest. Öffnen Sie sich ihr. Opfern Sie alles dafür. Sie wird eine der großartigsten Erfahrungen ermöglichen, die das Leben Ihnen bietet – zu erkennen, wer Sie wirklich sind.

Und sie wird mehr als alles andere dazu beitragen, daß Sie Ihren Ärger beherrschen lernen.

Kontakt zu Menschen, in deren Nähe Sie sich wohl fühlen

Die Menschen, mit denen Sie in Verbindung treten, haben großen Einfluß auf Ihr Selbstwertgefühl. Das Geheimnis liegt daher im Umgang mit Menschen, die das großartige Geschick haben, Ihnen ein gutes Gefühl über sich selbst zu vermitteln.

Die Welt ist voller Richter, die sich ein Urteil darüber anmaßen, wie Sie aussehen, wieviel Sie leisten, wie anständig Sie sind, wie schlagfertig Sie reagieren. Wenn Sie sich nicht so verhalten, wie Sie es nach Meinung der anderen tun sollten, entzieht man Ihnen jede Anerkennung.

Sie werden also ständig auf die Probe gestellt. Manchmal stehen Sie am Ende recht gut da, manchmal auch nicht. Doch auf jeden Fall erreicht ihr Selbstwertgefühl in der Gegenwart dieser Leute einen Tiefpunkt.

Wenn Sie die Wahl haben, sollten Sie solchen Menschen fernbleiben, besonders wenn Sie der Meinung dieser Leute großes Gewicht beimessen. Pflegen Sie eher den Kontakt zu Menschen, die sich um Sie kümmern, ohne Forderungen zu stellen. Auf diese Weise werden Sie frei, Sie selbst zu sein. Ihre Ängstlichkeit sinkt in ihrer Gegenwart auffallend, weil Sie nicht auf die Probe gestellt werden.

In Amerika gibt es eine Organisation mit dem Namen *Young Life,* deren Mitarbeiter sich um Oberschüler kümmern. Meine drei Töchter wurden alle während der Oberschule stark von *Young Life*-Mitarbeitern beeinflußt, und ich verstehe, warum. Als diese Leute einmal zu uns nach Hause kamen, vermittelten sie mir dasselbe Gefühl wie meinen Töchtern. Sie schienen sich aufrichtig um mich zu kümmern, und als sie mich fragten, wie es mir ging, wirkte ihr Interesse echt. Sie konnten zuhören, und das taten sie auch oft und lange.

Diese jungen Leute hatten anderen Menschen etwas sehr Einfaches zu geben: bedingungslose Wertschätzung. Und ich konnte beobachten, wie dieses einfache Geschenk das Leben vieler Menschen veränderte.

Ich bin gern mit Menschen zusammen, die mir bedingungslose Annahme vermitteln und mich gleichzeitig ermutigen, mein ganzes Potential zu entfalten, ohne ihre Wertschätzung von meiner Leistung abhängig zu machen. Eine Beziehung zu solchen Menschen ist von unschätzbarem Wert. Irgendwo auf ihrem Weg müssen sie eine gehörige Dosis bedingungsloser Liebe abbekommen haben. Und sie wurden dadurch so verändert, daß sie nun selbst andere Menschen bedingungslos annehmen können.

Ich möchte Sie bitten, jetzt einmal über alle Menschen in Ihrem Leben nachzudenken: Freunde, Familienmitglieder, Kollegen, Vorgesetzte oder Nachbarn. Erstellen Sie dann eine Liste – die wahrscheinlich sehr kurz sein wird – von allen, die Ihnen bedingungslose Liebe schenken.

Achten Sie darauf, mit diesen Menschen von nun mehr Zeit zu verbringen. Und wenn Sie mit ihnen zusammen sind, entspannen Sie sich und genießen Sie den Luxus der Freiheit, die Sie in ihrer Gegenwart erfahren.

PRINZIP I:
DAS SELBSTWERTGEFÜHL STÄRKEN

Eine enge Freundschaft mit sich selbst

Keine Freundschaft ist so entscheidend für Ihr Selbstwertgefühl wie Ihre Freundschaft mit sich selbst. Alle anderen Freundschaften zusammengenommen sind nicht so wichtig wie diese innere Freundschaft. Ich will diese radikale Aussage begründen. Denken Sie nur an die zahllosen Botschaften, die Sie jeden Tag an Ihr Selbstwertgefühl senden und die darüber bestimmen, wie Sie Ihren eigenen Wert einschätzen.

Wenn Sie in der Beziehung zu einem Freund bedingungslose Wertschätzung erfahren, wird dies Ihr Selbstwertgefühl beträchtlich erhöhen. Er hat allerdings wesentlich weniger Gelegenheit, Sie zu beeinflussen als Sie selbst, weil er viel weniger Botschaften an Ihre Selbstwahrnehmung senden kann. Deshalb wird der positive Einfluß seiner bedingungslosen Wertschätzung schließlich davon abhängen, in welchem Maße Sie glauben, was er sagt, und sich diese Botschaft auch selbst senden.

Die meisten Menschen, denen ich begegne, beurteilen sich ständig selbst: „Ich sehe heute gut aus." „Ich sehe schlimm aus." „Mein Haar ist zu lang, und ich kann einfach nichts damit anfangen." „Ich komme mal wieder zu spät – typisch!" „Ich glaube nicht, daß ich sehr interessant bin." Diese Botschaften schießen zu Tausenden durchs Gehirn.

Leider konzentrieren sich die meisten Menschen wesentlich mehr auf ihre Schwächen als auf ihre Stärken, weil sie dies für ihre Verantwortung halten. Wenn etwas an ihnen gut ist, glauben sie, nicht mehr darüber nachdenken zu müssen, damit sie sich darauf konzentrieren können, an ihren Schwächen und Fehlern zu arbeiten.

Doch darin liegt eine ernsthafte Gefahr, denn die ständige Beschäftigung mit ihren Schwächen zerstört unweigerlich ihr Selbstwertgefühl.

Fangen Sie deshalb an, Ihre Fortschritte im konstruktiven Umgang mit Ärger bewußt wahrzunehmen und klopfen Sie sich selbst auf die Schulter, wenn Sie Erfolg gehabt haben. Sie brauchen einen *wirklich guten* Freund, und dieser Freund müssen Sie selbst sein. Am besten beginnen Sie damit, eine Liste Ihrer Vorzüge aufzustellen. Schreiben Sie alles auf, was Ihnen einfällt. Denken Sie an Ihren Körper, Ihren Verstand, Ihre Persönlichkeit, Ihren Charakter, Ihren Umgang mit anderen; lassen Sie nichts aus. Lesen Sie die Liste dann noch einmal und denken Sie darüber nach. Am hilfreichsten wird es sein, wenn Sie sich diese Liste eine Woche lang jeden Tag laut vorlesen.

Letztlich hängt Ihre Wertschätzung allerdings nicht davon ab, wie lang Ihre Liste positiver Eigenschaften ist, sondern beruht darauf, daß Sie als einzigartiger und liebenswerter Mensch geschaffen worden sind. Niemand in der ganzen Menschheitsgeschichte kann Sie ersetzen, und die Bibel betont, daß Sie außerordentlich wertvoll sind, allein auf der Grundlage, daß Gott Sie wunderbar erschaffen hat.

Diese positive Botschaft über Ihren eigenen Wert muß immer wieder an Ihr Bewußtsein übermittelt werden, wenn Ihre Bemühungen um ein positives Selbstbild Erfolg haben sollen. Nur so werden Sie fähig, in Ihrem Selbstwertgefühl zu wachsen und Ihre Stärken und Schwächen objektiv einzuschätzen, ohne Ihren persönlichen Wert anzuzweifeln. Dieser Wert ist völlig gesichert und gründet allein auf der Tatsache, *daß es Sie gibt* – daß Sie als einzigartiger Teil der Schöpfung existieren.

Überprüfen Sie Ihre Wertvorstellungen in bezug auf Ärger

Bedingungslose Liebe ist zwar außerordentlich wichtig, aber destruktive Verhaltensmuster widersetzen sich einer Veränderung oft auch dann noch, wenn das Selbstbild wesentlich positiver geworden ist. Neue Verhaltensweisen der Reaktion auf Ärger setzen zusätzliche Fertigkeiten voraus, die man entwikkeln kann, wenn man sich bewußt an die Aufgabe macht, sie zu erlernen.

Aus meiner Arbeit mit Menschen, die nicht richtig mit ihrem Ärger umgehen können, ergab sich eine besonders deutliche Schlußfolgerung: Wer Spezialist im konstruktiven Umgang mit Ärger werden will, muß mit seinem Training rechtzeitig beginnen, bevor eine konkrete Situation Ärger auslöst. Wenn Sie warten, bis Sie ärgerlich werden, kann es sein, daß Sie Ihren Ärger in der gewohnten Weise ausdrücken und erst hinterher merken, was geschehen ist. Deshalb müssen Sie sorgfältig nachdenken und sich mit jedem Aspekt Ihres Umgangs mit Ärger auseinandersetzen, um für jeden Notfall vorbereitet zu sein. Denken Sie so oft über Ihren Standpunkt zu wichtigen Fragen in bezug auf Ärger nach, bis er zu einer starken Überzeugung geworden ist. Dann können Sie schnell und entschieden handeln, wenn Ärger entsteht, und die alten Verhaltensmuster durch neue, konstruktive Reaktionen ersetzen.

Ich setze voraus, daß jeder Mensch daran interessiert ist, glücklich zu sein. Wir suchen ein Höchstmaß an Freude und ein Mindestmaß an Schmerz, streben nach engen Beziehungen zu anderen Menschen und wollen in der Gesellschaft unseren Beitrag leisten und Anerkennung erfahren. Wir möchten uns so verhalten, daß es für uns selbst, unser engeres Umfeld und die ganze Menschheit langfristig von Nutzen sein wird. Dies sind Werte.

Auch im Umgang mit unserem Ärger spiegeln sich bestimmte Wertvorstellungen, die wir durch einige konkrete Fragen überprüfen müssen. Folgende Fragen habe ich mir selbst gestellt, um rechtzeitig vor dem nächsten Anflug von Ärger mein Denken zu überprüfen.

1. Macht es mir Spaß, ärgerlich zu werden?
Bei vielen Menschen ist es natürlich so. Sie fühlen sich energischer und stärker, wenn sie hin und wieder ärgerlich werden.

Ihre Antwort auf diese Frage wird sich auf viele Situationen auswirken, in denen ein leichtes Eingreifen Ihrerseits in der einen oder anderen Richtung darüber bestimmt, ob Sie ärgerlich werden oder nicht.

2. Möchte ich mein Verhalten bewußt kontrollieren oder lieber spontan handeln, wenn ich Ärger empfinde?
Anders ausgedrückt, möchte ich im voraus entscheiden, wie ich mit meinem Ärger umgehe, oder möchte ich darauf reiten wie ein Surfer auf der Welle?

3. Wenn ich die Kontrolle behalten will, bin ich dann bereit, die nötige Energie aufzubringen, um mein Handeln vorauszuplanen?

Diese Frage ist äußerst wichtig. Um die Kontrolle zu behalten, muß ich nämlich so wachsam sein wie ein Sportler am Tag des Wettkampfs. Im Fall des Ärgers weiß man aber selten im voraus, wann das Ereignis stattfinden wird. Sie müssen also immer bereit sein und Ihre Motivation aufrechterhalten.

4. *Was denke ich über explosives, unbedachtes Verhalten, wenn ich ärgerlich bin?*

5. *Was will ich durch meinen Ärger bei anderen Menschen erreichen?*

6. *Neige ich dazu, beleidigt zu reagieren und zu schmollen?*

7. *Bin ich nicht bereit, mir meinen Ärger einzugestehen?*

8. *Ich weiß, daß ich zu Verhaltensweisen neige, die mir unmittelbare Befriedigung verschaffen. Wie bewerte ich kurzfristige Gewinne und langfristige Verluste?*

9. *Welche Einstellung habe ich zu Feindseligkeit und Haß?*

10. *Welches Ziel verfolge ich eigentlich am stärksten, wenn ich meinen Ärger ausdrücke?*

Diese Fragen halte ich für besonders wichtig. Wenn Sie zu jeder eine klare Einstellung entwickeln und fest in Ihrem Denken verankern, werden Sie fähig werden, für das Ausdrücken Ihres Ärgers die volle Verantwortung zu übernehmen. Um dieses Ziel zu erreichen, können Sie in drei Schritten vorgehen: 1. Entwickeln Sie Ihre Antwort auf jede Frage. 2. Schreiben Sie einen Brief an sich selbst, in dem Sie diese Antworten erläutern. 3. Lesen Sie sich diesen Brief für unbegrenzte Zeit einmal wöchentlich laut vor.

Meinen eigenen Brief finden Sie im nächsten Kapitel, damit Sie ihn benutzen können, um Ideen zu sammeln. Ihr

Brief kann jedoch auch ganz anders aussehen. Vielleicht haben Sie zum Beispiel gelernt, Ärger an Ihrem Körper auszulassen, während ich gelernt habe, zu explodieren oder versteckt zu handeln. Oder Sie möchten sich Ihren Ärger manchmal nicht eingestehen, während ich ihn mir immer bewußt machen will.

Es kommt darauf an, daß es wirklich Ihr eigener Brief ist, der *Ihre* Überzeugung und Verhaltensmuster zutreffend wiedergibt. Wenn wir neue Maßstäbe entwickeln, nach denen wir uns selbst beurteilen, werden sie unser Verhalten stark beeinflussen. Solange wir uns danach richten, werden wir mit uns selbst zufrieden sein. Sobald wir sie jedoch verletzen, werden wir Unzufriedenheit empfinden.

Diese Strategie wird funktionieren, wenn Sie dabei bleiben. Sie werden die Kontrolle über Ihren Ärger gewinnen und ihn zum Verbündeten machen. Als ich das Trainingsprogramm durchlief, betrachtete ich dieses Ziel als überaus erstrebenswert. Ich hoffe, daß es Ihnen wünschenswert erscheint.

Ein Brief an mich selbst

Lieber Neil,
ich schreibe Dir diesen Brief, weil ich Dir helfen will, ein Experte im Umgang mit Ärger zu werden. Ich bin stolz auf Dich, daß Du Dir dieses Ziel gesetzt hast, und ich bin überzeugt, daß Du es auch erreichen wirst. Dein Leben wird ganz anders werden, wenn Du lernst, Deinen Ärger konstruktiv umzusetzen.
Wir erkennen beide, daß es Dir manchmal Spaß macht, ärgerlich zu werden. Du empfindest, daß Dir plötzlich eine unglaubliche Kraft zur Verfügung steht und bist überzeugt, damit enorm viel erreichen zu können.
Aber es ist wichtig, die Kontrolle darüber zu behalten, wie Du diesen Ärger ausdrückst. Wenn Du einfach explodierst, richtest Du viel Unheil an: Du benutzt Worte, die verletzen, demütigen oder strafen. Und manchmal hast Du sogar mit den Fäusten auf den Tisch gehämmert und geschrien. Wenn Du diesen erregten Zustand aber konstruktiv nutzt, um Deine Ziele zu erreichen, kannst Du eine starke Person werden. Es hängt alles davon ab, wie sehr Du die Kontrolle behältst.
Du hast festgestellt, daß Du sofort explodierst, wenn Du nicht äußerst wachsam bist. Dann handelst Du töricht und

bist hinterher enttäuscht über Dich selbst. Du schwörst, es nie wieder zu tun, unternimmst aber nichts dagegen, bis es wieder soweit ist. Und dann ist es zu spät.
Deshalb hast Du jetzt entschieden, alle nötige Energie aufzubringen, um Deinem explosiven Handeln vorzubeugen. Du weißt, daß es anstrengend sein wird, aber Du weißt auch, wie entschlossen Du bist, diese Sache mit dem Ärger in den Griff zu bekommen. Du bist überzeugt, daß Du auch jeden anderen Lebensbereich unter Kontrolle bekommen kannst, wenn Du auf diesem Gebiet Experte bist. Das wird Dir auch die nötige Motivationskraft geben, egal wie lange es dauert.
Soweit ich verstehe, hast Du Dir folgendes Ziel gesteckt: keine *Explosionen oder impulsiven Reaktionen mehr, wenn Du ärgerlich bist. Du willst alle verfügbaren Techniken lernen, um Ärger frühzeitig aufhalten und umlenken zu können.*
Dein großer Wunsch ist es, konstruktive Verhaltensweisen gegenüber Menschen zu entwickeln, die Dich ärgerlich machen. Wenn jemand Dich verletzt, willst Du die Sache mit ihm durchsprechen, so daß es sich möglichst nicht wiederholt. Du bist überzeugt, daß Ihr eine gerechte und für beide zufriedenstellende Lösung erarbeiten könnt, wenn Ihr miteinander im Gespräch bleibt.
Du hast auch erkannt, daß Beleidigtsein und Schmollen unreife Verhaltensweisen sind, mit denen Du nur die Aufmerksamkeit auf Dich lenken und andere unter Druck setzen wolltest, damit sie Deinen Willen tun. Dein trotziges Verhalten sollte anderen das Leben schwer machen, ohne daß sie Dir die Schuld dafür geben konnten. Doch damit bist Du jetzt fertig, weil es Deiner Beziehung zu anderen nur schadet. Außerdem willst Du Deinen Ärger nicht mehr verleugnen. Egal was in Deinem Inneren abläuft, Du willst es mitbekommen. Du willst Ärger konstruktiv nutzen, um Probleme aus dem Weg räumen und das Leben richtig genießen zu können.

Bisher ging es Dir um unmittelbare Befriedigung. Du wolltest belohnt werden, und zwar sofort. *Das ist Dein größter Feind, vor dem Du ständig auf der Hut sein mußt. Als kleiner Junge hast Du gelernt, Ärger einfach rauszulassen, weil dass zu unmittelbaren Ergebnissen führte. Die Tatsache, daß es langfristig sehr negative Folgen hatte, schien dieses Verhalten nicht zu verändern. Aber heute willst Du Dich für langfristige Gewinne entscheiden, auch wenn Du dabei auf einen kurzen Augenblick der Befriedigung verzichten mußt. Schließlich weißt Du, daß Du Dich ein wenig später wirklich freuen kannst.*

Feindseligkeit und Haß wirken völlig destruktiv, vor allem auf denjenigen, der sich mit ihnen abgibt. Es kann sein, daß sich durch Deinen falschen Umgang mit Ärger viel Groll angestaut hat. Deshalb bist Du jetzt um so mehr bestrebt, Ärger so zu verarbeiten, daß kein Groll zurückbleibt.

Insgesamt möchtest Du also folgendes erreichen: Du willst Ärger empfinden, wenn es erforderlich ist. Du willst vollkommen unter Kontrolle behalten, wie Du ihn ausdrückst. Du willst explosives Verhalten ablegen und diesen Ärger völlig verarbeiten. Du möchtest von Dir selbst und von anderen als jemand gesehen werden, der weiß, wo er steht und der anderen ihre Freiheit lassen kann. Du willst ein Mensch sein, der entschieden und bewußt gegen jedes Problem vorgeht, das ihn daran hindert, aus dem Vollen zu leben und vorbehaltlos zu lieben.

Denke immer daran: Egal was andere tun, Du kannst Experte im Umgang mit Ärger werden! Je länger Du Dich darum bemühst, desto erfolgreicher wirst Du in Deiner Beziehungsfähigkeit werden.

Ich wünsche Dir aufrichtig Erfolg.

Dein Freund
Neil

Achten Sie auf Ihre Gefühle

Wenn Sie in den Griff bekommen wollen, wie Sie Ihren Ärger ausdrücken, gibt es einen besonders entscheidenden Punkt. Sie müssen ein Gespür dafür entwickeln, wann Ärger in Ihnen hochkommt, denn Sie können sich keine Überraschungsangriffe leisten. Sie müssen Ihre Strategie durchdenken, um diese enorme Kraft so handhaben zu können, daß die Ergebnisse positiv sind. Und Sie müssen diese Strategie unter großer Belastung ohne Verzögerung einsetzen können.

Ich habe entdeckt, daß man Ärger besonders früh aufspüren kann, wenn man mit seinen Gefühlen in enger Berührung bleibt, vor allem in Situationen, die leicht zu Schwierigkeiten führen. Wenn Sie lernen, sich Ihre Gefühle jederzeit bewußt zu machen, erfahren Sie eine Fülle von Einzelheiten über sich und können lernen, konstruktivere Verhaltensweisen zu entwickeln.

Aber wie bleiben Sie mit Ihren Gefühlen in enger Berührung? Ich möchte Ihnen zuerst eine Technik vorstellen, die ich für hilfreich halte, und Ihnen zwei Übungen dazu vorschlagen. Die erste dieser Übungen werde ich im folgenden beschreiben, die zweite finden Sie im nächsten Kapitel.

Die erste Übung erfordert, daß Sie jeden Tag Ihre Gefühle aufschreiben. Schaffen Sie sich also ein großes Notizbuch oder ein Tagebuch an, das nur für diese beiden Übungen benutzt wird.

Sie sollten sich einen Ort suchen, an dem Sie Ihr Tagebuch sicher aufbewahren können, damit es völlig vertraulich bleibt. Wenn Sie fürchten, daß jemand es lesen könnte, erklären Sie ihm, was es ist, und bitten Sie ihn um das Versprechen, es unter keinen Umständen zu lesen.

Sie brauchen für Ihre Aufzeichnungen täglich eine Stunde, an mindestens sechs Tagen pro Woche, und zwar wenigstens drei Monate lang. Das ist natürlich enorm viel Zeit, aber wenn Sie versuchen wollen, sich selbst besser kennenzulernen, müssen Sie genug Zeit dafür einplanen. Falls Sie nur eine halbe Stunde am Tag aufbringen können, nutzen Sie diese. Es ist auf jeden Fall ein Schritt in die richtige Richtung, und vielleicht können Sie später die Zeit ausdehnen. Halten Sie sich *genau* an die Dauer, die Sie dafür eingeplant haben. Wenn die Zeit vorbei ist, legen Sie Ihr Tagebuch bis zum nächsten Tag beiseite, auch wenn Sie mitten im Satz sind. Sorgen Sie dafür, daß Sie allein und möglichst ungestört schreiben können.

Hier sind einige Vorschläge, wie Sie Ihre Zeit mit dem Tagebuch nutzen können.

Notieren Sie über jeden Eintrag das Datum und die genaue Uhrzeit. Schreiben Sie dann alles auf, was zu diesem Zeitpunkt in Ihnen vorgeht, denn die Herausforderung besteht darin, mit Ihren *augenblicklichen* Gefühlen in Berührung zu bleiben. Wenn Sie dazu oft das Thema wechseln müssen, braucht Sie das nicht zu irritieren. Sie schreiben es ja nur für sich selbst auf.

Sie sollten einerseits möglichst entspannt, andererseits aber auch wach und aufmerksam bleiben. Deshalb ist es vielleicht keine gute Idee, im Bett zu schreiben. Dagegen mag es sehr hilfreich sein, wenn es in Ihrer Nähe einen Park gibt, den Sie zum Schreiben aufsuchen können.

Achten Sie auf Ihre Gefühle, während Sie schreiben. Lassen Sie Ihren Körper reden. Folgen Sie Ihren Gefühlen, wohin sie Sie auch führen.

Es spielt keine Rolle, ob Ihre Gefühle negativ oder positiv, angenehm oder unangenehm sind. Sie versuchen einfach, sie kennenzulernen.

Ich habe festgestellt, daß einige Menschen diese Übung ganz natürlich nachvollziehen können, während andere große Schwierigkeiten damit haben und Geduld brauchen. Am Ende funktioniert diese Übung aber praktisch bei jedem. Das Geheimnis ist, daß man nicht lockerlassen darf.

Ich glaube, daß einige Menschen Schwierigkeiten haben, weil man ihnen beigebracht hat, Gefühle zu leugnen. Unsere Gesellschaft hegt ein tiefes Mißtrauen gegenüber Gefühlen. Deshalb sind Gefühle bei manchen tief vergraben und schwer zu erreichen.

In diesem Zusammenhang sollte ich darauf hinweisen, daß ich niemanden dazu ermutige, sein Verhalten von seinen Gefühlen beherrschen zu lassen. Im Gegenteil! Aber hier verfolgen Sie das Ziel, mit Ihren Gefühlen in möglichst enge Berührung zu kommen, damit Sie „sehen" können, wenn Ihr Ärger kommt.

Ein paar Seiten weiter werde ich Ihnen zeigen, wie Sie Ihr Denken benutzen können, um Ärger in konstruktive Bahnen zu leiten. Aber jetzt sind Sie hoffentlich erst einmal motiviert, mit diesem entscheidenden (mindestens) dreimonatigen Abenteuer zu beginnen. Es wird sich in überraschender Weise bezahlt machen.

Führen Sie ein Ärgertagebuch

Wer sich entschieden hat, daran zu arbeiten, wie er seinen Ärger ausdrückt, muß seine Fortschritte überprüfen können. Die zweite Übung mit Ihrem Tagebuch soll diesen Zweck erfüllen. Ich kenne keine bessere Möglichkeit, als ein Ärgertagebuch zu führen, in dem man täglich Rechenschaft über alle konkreten Erfahrungen mit Ärger ablegt.

Wenn Menschen mich um Hilfe bitten, damit sie ihre Gewohnheiten auf diesem Gebiet verändern können, ermutige ich sie immer, sofort damit anzufangen, wesentliche Details über jedes Erlebnis mit Ärger aufzuzeichnen. Und ich bitte sie darum, diese Aufzeichnungen mindestens sechs Monate lang auf dem neuesten Stand zu halten.

Meine Gründe für diesen Vorschlag sind ganz einfach. Es sind im wesentlichen drei Gründe:

1. Ausführliche Aufzeichnungen geben Ihnen die Möglichkeit, Ihre Leistungen mit Ihren Maßstäben für das Training zu vergleichen. Wenn etwas nicht richtig läuft, wollen Sie wissen, was die Ursache ist.

2. Wenn Sie sich daran gewöhnen, Ihre Erfahrungen mit Ärger festzuhalten, werden Sie etwas feststellen: Die Erwar-

tung, daß Sie ein bestimmtes Ereignis aufzeichnen werden, beginnt die Situation selbst zu beeinflussen. Sie können einfach nicht jeden Abend Ihren Ärger aufzeichnen, ohne daß sich Ihr Verhalten am nächsten Tag ändert.

3. Wenn Sie Ihren Ärger so aufzeichnen, wie ich es Ihnen im folgenden vorschlage, eignen Sie sich eine Strategie der Behandlung an. Sie gehen die Schritte immer wieder durch, bis Sie sie verinnerlicht haben. Es sind dieselben Schritte, die Sie auch benutzen, um mit Ihrem Ärger dann fertigzuwerden, wenn Sie ihn empfinden. Deshalb sorgt die tägliche Wiederholung dafür, daß Ihnen diese Strategie auch in der Hitze des Augenblicks zur Verfügung steht.

Wie führt man also ein Ärgertagebuch? Halten Sie sich an diese einfachen Schritte:

1. Benutzen Sie dafür einen besonderen Abschnitt Ihres Tagebuchs oder irgendein anderes kleines Notizbuch, das nur Ihnen zugänglich ist.

2. Bewahren Sie es so auf, daß es immer sofort verfügbar ist.

3. Machen Sie Ihre Eintragungen jeden Tag um dieselbe Zeit. Ich habe festgestellt, daß für die meisten Menschen der Zeitpunkt, wenn sie abends ins Bett gehen, am besten ist, sobald sie ans Bett denken, fällt ihnen auch das Tagebuch ein. Und falls Sie an dem betreffenden Tag keinen Ärger empfunden haben, sollten Sie einfach das Datum und die Bemerkung „Heute kein Ärger“ festhalten.

4. Richten Sie sich nach einer einfachen Gliederung:
   a) Datum
   b) Wann?
   c) Mit wem?
   d) Wie sah meine Reaktion aus?

e) Warum war ich ärgerlich?
f) Was wollte ich mit meinem Ärger erreichen?
g) Welche Strategie habe ich mir überlegt?
h) Habe ich meinen Plan umgesetzt?

5. Hier ist ein Beispiel:
   a) Dienstag, 15. Juni
   b) 16.15 Uhr
   c) Frau vom 1. Stock
   d) Ich war wütend auf sie. Eine Zeitlang kochte ich und regte mich auf, während ich darüber nachdachte.
   e) Ich war frustriert, weil sie ein Schild auf die Waschmaschine gestellt hat, daß niemand sie nach 20.00 Uhr benutzen darf.
   f) Ich will einfach genug Zeit haben, meine Wäsche zu waschen, ohne großen Aufwand und dann, wenn es mir paßt.
   g) Ich habe mich entschieden, beim Hausverwalter anzumelden, daß ich mittwochs waschen will. Niemand hat sich für diesen Tag eingetragen, und ich habe dann frei. Ich will auch einmal in der Wäscherei nachfragen, was es kosten würde, einen Teil meiner Wäsche dort waschen zu lassen.
   h) Noch nicht. Ich berichte morgen abend darüber.

Wenn Sie zu jeder Erfahrung mit Ärger einen kurzen Bericht aufzeichnen, sammeln Sie eine Fülle von Informationen über sich selbst und gewinnen tiefe Einsicht in die Art, wie Sie mit Ihrem Ärger umgehen.

Das Ziel: Ärger schon beim ersten Anzeichen erkennen

Wenn Sie Ihren Ärger schon früh aufspüren können, haben Sie eine wesentlich bessere Voraussetzung, ihn konstruktiv zu nutzen. Wenn Sie ihn voraussehen, können Sie Ihrer gewohnten Reaktion entgegenwirken, besonders wenn dieses Verhalten sich als destruktiv erwiesen hat, und haben Zeit, eine Strategie zu entwickeln. Die dringendsten Fragen lauten also: Wie entwickle ich diese Fähigkeit, meinen Ärger kommen zu sehen? Wie kann ich meinen Ärger schon beim ersten Anzeichen erkennen?

Ich habe herausgefunden, daß diese Fähigkeit auf drei Dingen beruht: 1. Ich bleibe in enger Berührung mit meinen Gefühlen. 2. Ich erkenne kritische Verhaltensmuster, indem ich ähnliche Erfahrungen der Vergangenheit auswerte. 3. Ich lerne, meinen Entdeckungen mehr und mehr zu vertrauen.

Sie müssen Ihren Ärger also von Fall zu Fall sorgfältig untersuchen. Sie führen sozusagen eine Autopsie Ihres Ärgers durch, um seine Mechanismen zu durchschauen. Da die meisten Menschen auf sehr ähnliche Weise wütend werden, kann die folgende Analyse Ihnen dabei wertvolle Anhaltspunkte liefern.

Meine Klientin Louise, eine 38jährige medizinisch-technische Assistentin, verheiratet und Mutter von zwei Kindern im Teenager-Alter, kam zu mir, weil sie unter körperlichen Beschwerden und ehelichen Problemen litt. Es war nicht schwer zu entdecken, daß sie und ihr Mann Jess in einer komplexen Auseinandersetzung gefangen waren, die selten an der Oberfläche sichtbar wurde.

Jess, ein leitender Angestellter, war in seinem Beruf sehr frustriert, weil er seine Vorgesetzten nicht zufriedenstellen konnte, mit bestimmten Aufgaben nicht glücklich war und dazu noch unterbezahlt wurde. Ich lernte ihn als schüchternen, aber hartnäckigen Mann kennen.

Louise war energischer und beruflich erfolgreicher, aber unglücklicher mit ihrer Ehe. Sie litt unter Magengeschwüren und Dickdarmproblemen. Das war auch der Grund, weswegen ihr Internist sie an mich überwiesen hatte.

Mit der Zeit wurde klar, daß Louise sich regelmäßig über Jess ärgerte, ohne diesen Ärger je offen zu verarbeiten. Statt über ihre Enttäuschung zu reden, gestand sie sich nicht einmal selbst ein, daß sie frustriert war. Doch ihr Körper reagierte, und schließlich brachen ihr Magen und ihr Darm zusammen. Ihre starken Beschwerden motivierten Louise sehr, nach einer Veränderung zu suchen.

Wir arbeiteten zuerst daran, wie sie mit ihren Gefühlen in engem Kontakt bleiben konnte, um die Vorgänge in ihrem Inneren besser zu überwachen. Dann suchten wir in ihrem Tagebuch nach auffälligen Mustern an den Tagen, bevor sie wieder besonders starke Schmerzen hatte.

Wir entdeckten, daß es weniger als eine Woche vor dem Ausbruch dieser Beschwerden immer eine Zeit gab, in der sie zunehmend unzufrieden und frustriert war. Und fast immer hatte die Frustration damit zu tun, daß die Beziehung zwischen ihr und Jess von seiner Seite gestört war. Er wurde zwei oder drei Tage völlig still und sonderte sich ganz von seiner Familie ab. Er ging zur Arbeit, kam nach Hause, sah fern und verkroch sich.

Louise war frustriert. Ihr Ärger hätte sie eigentlich darauf vorbereiten sollen, etwas gegen die absterbende Beziehung zu unternehmen. Aber Jahre vorher hatte sie sich entschieden, in ihrer Beziehung zu Jess immer Frieden zu halten. Und das bedeutete, daß sie ihn niemals auf diese Probleme ansprach. Sie war in dieser Zwickmühle gefangen.

Nachdem wir dieses Muster erkannt hatten, waren wir schon auf dem Weg zu einer Lösung des Problems. Es gab jetzt nur noch zwei unbeantwortete Fragen: 1. Konnten wir eine Strategie entwickeln, die Louise erlaubte, mit ihrer Frustration fertigzuwerden, wenn Jess sich verkroch? 2. Wenn wir solch eine Strategie entwickeln konnten, würde ihr Körper sich dann entspannen, so daß ihre Magen- und Dickdarmbeschwerden nachließen?

Die Strategie, die wir entwickelten, war kompliziert. Im wesentlichen ging es darum, daß Louise Jess davon erzählen mußte, wenn ihre Frustration zunahm. Dann mußte sie ihn einladen, ihr mitzuteilen, was in seinem Leben geschah. Ich ermutigte sie, Jess dann mit seinem beruflichen Problem selbst fertigwerden zu lassen. Sie sollte ihn nur allgemein unterstützen und ihm zeigen, daß sie gern mit ihm in Kontakt bleiben wollte, wenn er an seinem Problem arbeitete.

Jess begann zu reden, und dabei wurden seine eigenen emotionalen und beruflichen Probleme deutlich. Als er erkannte, daß er mit seinem beruflichen Weiterkommen beträchtliche Probleme hatte, bat er mich um Rat. Ich ermutigte ihn, einen spezialisierten Berater zu suchen, der ihm helfen konnte, seine berufliche Zwangslage zu beenden.

Das Pendel schlug nun in die positive Richtung aus, als Louise fünfzehn Tage hintereinander keine Beschwerden mehr hatte. Das hatte sie seit drei Jahren nicht mehr erlebt. Jess war zwar immer noch über seine Arbeit frustriert, hatte jetzt aber mehr Hoffnung. Nach der Beratung, die ich ihm empfohlen hatte, bemühte er sich nun, einen Universitätsabschluß nachzuholen.

Am wichtigsten jedoch war, daß Louise sich nun frei fühlte,

Jess direkt darauf anzusprechen, wenn er schweigsam wurde. Und sie gewann an Zuversicht, daß sie ihren Ärger in eine konstruktive Richtung lenken und die alte Gewohnheit durchbrechen konnte. Sie stellte neue Rekorde auf, was die beschwerdefreien Tage anging, denn sie konnte ihren Ärger jetzt objektiv umsetzen.

Diese kurze Fallbeschreibung gibt Ihnen vielleicht eine Vorstellung davon, wie man durch aufmerksame Suche nach Verhaltensmustern Ärger schon in einem sehr frühen Stadium aufspüren kann. Sie sehen auch, wie man eine Strategie entwickeln kann, um destruktive Ausdrucksweisen zu verändern, die durch den wiederholten Gebrauch zur Gewohnheit geworden sind.

Ich kenne viele Menschen, die gelernt haben, die schädlichen Folgen eines fehlerhaften Umgangs mit Ärger zu vermeiden. Und ich habe entdeckt, daß der Erfolg immer von einem frühen Eingreifen abhängt. Man muß sich einschalten, bevor der Ärger automatisch abläuft und unaufhaltsam zu sein scheint.

PRINZIP 4:
BEWUSST NACHDENKEN

Bringen Sie Ihr Gehirn auf Touren

Unser Gehirn ist zu gewaltigen Leistungen fähig, doch meistens benutzen wir nur einen Bruchteil des Potentials, das unser Gehirn uns zur Verfügung stellt.

Mit dem Gehirn können Sie sich Ihrer Gefühle bewußt werden und erkennen, daß *Sie* die Verantwortung dafür tragen, wie Sie diese Gefühle ausdrücken. Wenn Sie Ihren Verstand gezielt einsetzen, können Sie lernen, Ihren Ärger konstruktiv zu benutzen, um Probleme zu lösen, die Ihnen Verletzung, Frustration und Furcht vermitteln. Dabei müssen Sie zwei Bereiche berücksichtigen:

Erstens müssen Sie Kettenreaktionen auflösen, die sich zu Verhaltensmustern verfestigt haben. Diese automatisch ablaufenden Reaktionen können nur durchbrochen werden, wenn Sie Ihren Verstand konzentriert einsetzen.

Zweitens müssen neue und konstruktivere Verhaltensweisen an die Stelle der alten Gewohnheiten treten. Und Sie müssen diese neuen Muster so gut beherrschen, daß sie genauso automatisch ablaufen wie die früheren.

Leider sind nur sehr wenige Menschen Vorbilder für einen konstruktiven Umgang mit Ärger. Und die Verstärkung, die

Sie für dieses neue Verhalten erwarten können, wird sich oft nur langfristig einstellen. Daher müssen Sie lernen, sowohl Ihr eigenes Vorbild zu sein als auch Ihr gutes Verhalten selbst zu verstärken.

Deshalb ist Ihr Verstand so wichtig. Sie können diese beiden Dinge nur erreichen, wenn Sie ihn bewußt einsetzen.

Die meisten Menschen, die ich kennenlerne, drücken ihre Gefühle immer noch so aus, wie sie es in der Kindheit gelernt haben. Man hat sie nie ermutigt, ihren Verstand zu gebrauchen, um alte Verhaltensmuster zu durchbrechen und die Kontrolle darüber zu gewinnen, wie sie ihren Ärger ausdrükken.

Seien Sie also wachsam und schöpfen Sie Ihre Verstandeskräfte aus. Wenn ein Gespräch Sie provoziert und Sie nehmen erste Anzeichen von Ärger wahr, müssen Sie sich über Ihre Aufgabe im klaren bleiben. Vor Ihnen liegt ein wichtiges Stück Arbeit.

Die nächsten Kapitel sollen Ihnen helfen, sich einem Prozeß des Umdenkens zu unterziehen, um Ihre Verstandeskräfte zu mobilisieren.

Bei „Explosionsgefahr" jede Reaktion verzögern

Vielleicht hatten Sie schon die Zeit, die Übungen abzuschließen, die Ihr Selbstbild verbessern und Ihren Umgang mit Ärger aufdecken sollten. Denn ich bin überzeugt, daß jede dieser Übungen ein weiteres Teil in Ihr Puzzle einfügt. Wenn Sie dieses Puzzle vervollständigt haben, werden Sie merken, daß Sie wirklich etwas erreicht haben. Und das wird große Freude in Ihnen auslösen.

Der nächste Schritt scheint leicht zu sein, solange Sie nicht unter Druck stehen und die alten Gewohnheiten sich Bahn brechen wollen: Wenn Sie wahrnehmen, daß Ärger in Ihnen hochsteigt, *verzögern Sie jede Reaktion.*

Es kommt darauf an, Zeit zu gewinnen, um gewohnheitsmäßige Verhaltensweisen zu überwinden. Das ist ein uraltes Mittel, um sich besser in den Griff zu bekommen, wenn man wütend ist. Früher gab man den Rat, bis zehn zu zählen oder sich auf die Lippe zu beißen. Im nächsten Kapitel werde ich andere Ideen vorstellen. Doch im wesentlichen geht es immer darum, daß man sich *bewußt weigert zu tun, was man bisher normalerweise getan hat, was aber auch früher nicht funktionierte.* Wenn Sie gewöhnlich explodiert sind, tun Sie es nicht mehr. Wenn Sie sich selbst mit allen möglichen Schimpfwörtern belegt und immer noch mehr von sich verlangt haben, tun Sie es nicht mehr. Wenn Sie Ihren Ärger immer raffiniert und versteckt ausgedrückt haben, tun Sie es nicht mehr.

Bleiben Sie in enger Berührung mit Ihren Gefühlen, damit Sie merken, wenn Ärger in Ihnen hochsteigt und verzögern Sie dann jede Reaktion. So haben Sie sich im Griff und gewinnen Zeit zum Überlegen. Ihre neuen Verhaltensmuster, Ärger auszudrücken, sind noch nicht eingespielt, während die alten noch automatisch ablaufen. Sie stehen also an einer kritischen Kreuzung. Wenn Sie genug Zeit gewinnen, können Sie Ihren Ärger kanalisieren und für Ihre höchsten Ziele nutzen.

Prinzip 4:
Bewusst nachdenken

Ein Schlüsselwort als Auslöser für das Alternativprogramm

Roger Jesson, ein 35jähriger Pilot, rief mich wegen eines Termins an. Er hatte mich bei einer Veranstaltung reden hören.

„Ich merke, wenn ich ärgerlich werde“, sagte Roger. „Meistens spüre ich es schon lange Zeit im voraus, aber ich komme einfach nicht dagegen an. Ich bin so darauf programmiert zu explodieren, daß ich mich fühle, als würde ein führerloser Zug durch meinen Bahnhof rasen. Er hat eine Geschwindigkeit von 150 Kilometern und ignoriert jedes Signal.“

Roger erzählte mir eine Geschichte, die ich schon öfter gehört hatte. Alte Gewohnheiten entwickeln im Laufe der Jahre enorm viel Kraft, und der Versuch sie zu bremsen, erscheint hoffnungslos. Aber ich bin überzeugt, daß jeder es mit regelmäßiger Übung und strenger Disziplin schaffen kann.

„Ich möchte, daß Sie sich folgendes vorstellen“, sagte ich Roger. „Wenn Sie den Zug ein bis zwei Kilometer entfernt kommen sehen, ziehen Sie einen Hebel, um ihn auf das Nebengleis umzuleiten. Und dann bremsen Sie ihn langsam ab, bis er schließlich anhält. Sobald er steht, beginnen Sie mit den Vorbereitungen, um einen anderen Zug in Bewegung zu bringen.“

Ich teilte Roger meine Erfahrung mit, daß man ein Schlüsselwort finden muß. Es hat dieselbe Wirkung wie der Hebel, der den Zug auf das Nebengleis umleitet. Das Wort, das ich für mich festgelegt habe, heißt „Denke“. Wenn ich diesen führerlosen Zug kommen sehe, sage ich sofort zu mir selbst: *„Denke!“*

Als erstes denke ich daran, die alte Kettenreaktion zum Stillstand zu bringen. Ich lasse es einfach nicht zu, daß mich dieses Verhalten überfährt. Dann durchlaufe ich eine genau eingeübte Folge von Schritten, die ich in den nächsten Kapiteln darstellen werde.

„Glauben Sie, daß das bei mir funktionieren würde?“ fragte Roger.

„Natürlich“, antwortete ich und forderte ihn auf, ein wenig zu üben.

Er erzählte mir von drei oder vier Situationen, bei denen er im vergangenen Monat explodiert war. Einmal hatte seine Frau, mit der er sich auseinandergelebt hatte, ihm nicht erlaubt, seine kleine Tochter zum regelmäßigen Wochenendbesuch abzuholen. Ein anderer Wutausbruch richtete sich gegen seinen Kopiloten, der während eines ganzen Fluges nicht mit ihm zusammengearbeitet und nur mit den Stewardessen herumgewitzelt hatte. Bei einer dritten Gelegenheit ging es um einen Autofahrer, der zu schnell gefahren war und ihn in Gefahr gebracht hatte.

In jedem Fall hatte Roger völlig die Beherrschung verloren, und sein Verhalten hatte ihn in große Verlegenheit gebracht. In einem Fall hatte dieses Verhalten ihm beträchtlichen Ärger vor Gericht eingebracht.

Wir führten jedes Beispiel auf den frühesten Punkt zurück, an dem Roger gemerkt hatte, wie sich Ärger in ihm aufbaute. Er übte es, an diesem Punkt wirklich laut „Denke!“ zu sagen.

Denke! Ein Schlüsselwort für Notsituationen, das ein Alternativprogramm mit wesentlich positiveren Ergebnissen auslösen kann.

PRINZIP 4:
BEWUSST NACHDENKEN

Wie man eine konstruktive Alternative entwickelt

Wenn Sie den führerlosen Zug – die Art und Weise, wie Sie Ihren Ärger normalerweise ausdrücken – auf dem Nebengleis zum Halten gebracht haben, ist Ihr Ärger damit noch nicht beseitigt. Sie haben seinen destruktiven Verlauf unter Kontrolle bekommen und damit etwas sehr Wichtiges erreicht. Aber sowohl die Ursache Ihres Ärgers als auch Ihr Ärger selbst existieren immer noch. Sie stehen jetzt vor der Herausforderung, Ihren Ärger so zu nutzen, daß Sie den Ursprung der Verletzung, Frustration oder Furcht wirklich bewältigen können.

Hier werden Sie sehen, daß sich Ihre harte Arbeit wirklich bezahlt macht. Hier können Sie den Ärger in eine konstruktive Kraft umwandeln, um das Problem zu lösen. Dies ist der entscheidende Punkt.

Nehmen Sie sich Zeit. Sie haben die Sache im Griff – denken Sie daran. Wenn Sie während dieser Augenblicke bewußt *nachdenken,* können Sie sich eine Strategie überlegen, um Ihren Ärger so auszudrücken, daß Sie Ihre positiven Ziele erreichen. Wenn Sie dabei an irgendeiner Stelle das Gefühl bekommen, die Kontrolle zu verlieren, erinnern Sie sich an das Schlüsselwort: *Denken Sie!*

Meine eigene Erfahrung hat mich dazu gebracht, in dieser Phase des Nachdenkens drei Schritte zu durchlaufen, die ich in den nächsten drei Kapiteln genauer beschreiben werde:

1. *Warum* bin ich ärgerlich? Achten Sie besonders auf Verletzung, Frustration oder Furcht.

2. *Was* möchte ich jetzt erreichen?

3. *Wie* kann ich bekommen, was ich will? Das heißt, welche Strategie ist effektiv?

Es ist nicht leicht, einen alternativen Weg im Umgang mit Ärger zu entwickeln. Aber hier müssen Sie unter Beweis stellen, daß Sie Experte sind. Was wir bisher erarbeitet haben, war nur die Vorbereitung für diesen Augenblick.

Prinzip 4: Bewusst nachdenken

Warum bin ich ärgerlich?

Ich kann mir vorstellen, wie Sie beim Lesen sagen: „Wenn ich mitten im Ärger stecke, erwartet er von mir, daß ich *denke*! Und dann soll ich auch noch darüber nachdenken, *warum* ich ärgerlich bin. Ich bin kurz davor, jemanden anzuschreien und völlig fertigzumachen, und da soll ich mich auf meine Verletzung, Frustration oder Furcht besinnen!"

So schwer das klingt, Sie können es schaffen. Auch wenn es Ihnen im Augenblick noch unmöglich erscheint, können Sie Ihren Ärger überdenken – sogar noch heute!

Keine Frage ist für die Entwicklung einer neuen Verhaltensstrategie von größerer Bedeutung als diese: Warum bin ich ärgerlich?

Es gibt unzählige Gründe, die einzeln oder zusammengenommen Ihren Ärger auslösen können. Es wäre unmöglich, die konkreten Ursachen aufzuspüren, wenn Sie bei Ihrer Suche nicht gezielt vorgehen könnten. Doch das können Sie. Bei neun von zehn Gelegenheiten werden Sie verärgert sein, weil Sie sich verletzt, frustriert oder bedroht fühlen. Wenn Sie von dieser Voraussetzung ausgehen, können Sie erwarten, die entscheidenden Auslöser in einem dieser drei Bereiche zu finden.

Nachdem Sie herausgefunden haben, *warum* Sie ärgerlich

geworden sind, können Sie die nächste Frage stellen: Was möchte ich jetzt erreichen? Wenn Sie die Ursache kennen, werden Sie sich auch beim Nachdenken über Ihre Ziele in die richtige Richtung bewegen. Hier sind zwei kurze Beispiele dafür:

Martha, 32 Jahre alt und verheiratet, hatte zwei Kuchen gebacken und beschlossen, einen davon ihrer Mutter zu bringen, die alleine lebte. Doch als sie zu ihr kam, schaltete ihre Mutter den Fernseher nicht ab und sagte ihr nur, wie müde sie aussähe.

Martha konnte fühlen, wie sie ärgerlich wurde. Ihre gewohnheitsmäßige Reaktion hätte darin bestanden, sich sofort wieder von ihrer Mutter zu verabschieden, den Rest des Nachmittags vor sich hin zu schmollen und wahrscheinlich Kopfschmerzen zu bekommen.

Aber sie lenkte diese Reaktion um und begann nachzudenken. Sie fragte sich, warum sie ärgerlich war – warum sie sich verletzt, frustriert oder bedroht fühlte. Sie erkannte auf einmal drei Dinge, die dazu beitrugen: Sie wollte mit ihrer Mutter reden, wurde aber durch den lärmenden Fernseher frustriert. Sie wollte für den Kuchen gelobt werden und war verletzt, als ihre Mutter nicht reagierte. Schließlich fühlte sie sich verletzt, weil ihre Mutter ihr müdes Aussehen kritisiert hatte.

Nachdem sie die Ursachen herausgefunden hatte, konnte Martha die zweite Frage stellen, die wir im nächsten Kapitel besprechen werden.

Bill war 22 Jahre alt und hatte gerade das College abgeschlossen. Er kehrte in seine Heimatstadt zurück und ging mit seinem Freund Jack essen. Jack erwähnte dabei beiläufig, daß Sally, mit der Bill sich angefreundet hatte, mit einem anderen Freund von Bill ausgegangen war. Als Bill das hörte, konnte er sich nicht mehr auf das Essen oder auf das Gespräch mit Jack konzentrieren. Je länger er dort saß, desto ärgerlicher wurde er.

Während der nächsten Stunden schaffte er es jedoch, seine zwei natürlichsten Reaktionen zu bremsen: Eigentlich wollte er Sally vergessen und sich mit einem anderen Mädchen anfreunden, und er wollte seinen Freund anrufen und es ihm heimzahlen, daß er ihn so hintergangen hatte.

Bill fragte sich, warum er sich verletzt, frustriert oder bedroht fühlte, und fand vier Gründe. Zum einen befürchtete er, daß Sally sich mehr für den anderen Jungen interessierte und daß er sie verloren haben könnte. Zweitens war er verletzt, weil sie mit jemand anderem ausgegangen war. Denn obwohl sie es nie direkt ausgesprochen hatten, dachte er doch, daß sie beide ihre Beziehung als etwas Besonderes ansahen. Drittens war er frustriert, weil er sich sehr darauf gefreut hatte, wieder nach Hause zu kommen und mit Sally auszugehen. Und schließlich war er verletzt darüber, daß sein Freund sich so egoistisch verhalten hatte, obwohl er ganz bestimmt wußte, daß er sich mit Sally angefreundet hatte.

Nun war Bill bereit, zur nächsten Frage überzugehen.

In diesem Beispiel bremsten Martha und Bill ihre gewohnheitsmäßigen Reaktionen erfolgreich ab. Sie stellten sich die grundlegende Frage: „*Warum* bin ich ärgerlich?“ Wenn wir davon ausgehen, daß sie auch die nächsten zwei Schritte bei der Wahl einer konstruktiven Alternative so gut bewältigten, dann können wir davon ausgehen, das das Ergebnis ihrer Bemühungen deutlich positiv ausgefallen ist.

Was möchte ich jetzt erreichen?

Sobald Sie wissen, *warum* Sie ärgerlich sind, können Sie an die zweite entscheidende Frage herangehen: „*Was* möchte ich jetzt erreichen?“ Denn wenn Sie diese Frage stellen, bevor Sie die Ursachen kennen, kann das zu ungenauen Antworten und negativen Folgen führen.

An diesem Punkt – während Sie über Ihre Ziele nachdenken – kommt es entscheidend auf die Werte an, die Sie in bezug auf Ihren Umgang mit Ärger festgelegt haben. Vom Standpunkt Ihrer Werte läßt sich die Frage so stellen: „Was möchte ich jetzt erreichen, um langfristig diejenige Art der Beziehung zu fördern, die ich mir zu dieser Person wünsche?“

Es gibt viele mögliche Antworten. Ich möchte zunächst einige Beweggründe erwähnen, die sich uns oft aufdrängen. Wir fühlen uns versucht, aus diesen Beweggründen heraus zu handeln, obwohl sie sich fast immer als destruktiv erweisen:

- Ich möchte ihm so wehtun, wie ich nur kann.
- Ich möchte ihr zeigen, was für ein schlechter Mensch sie ist.
- Ich möchte, daß er sich schuldig fühlt für das, was er getan hat.

- Ich möchte so tun, als empfände ich keinen Ärger, auch wenn ich verärgert bin.
- Ich bin so wütend, daß ich nichts tun werde, worum sie mich bittet.
- Ich bin wütend und werde auch noch lange wütend bleiben.
- Ich möchte ihr heimzahlen, was sie mir angetan hat.

Doch es gibt auch andere Antworten auf diese Frage, die uns nicht sofort in den Sinn kommen, wenn wir verärgert sind, obwohl sie fast immer zu konstruktiven Ergebnissen führen.

- Ich bin sehr verletzt und will meinen Ärger so einsetzen, daß ich nicht noch länger verletzt sein muß.
- Ich möchte diese Situation so bewältigen, daß ich meine Frustration zum Schluß völlig aufgearbeitet habe.
- Ich möchte dieses Erlebnis durchstehen, ohne mich schuldig fühlen zu müssen.
- Was sie getan hat, macht mir wirklich Angst, aber ich möchte meinen Ärger so benutzen, daß ich beim nächsten Mal nicht mehr so ängstlich zu sein brauche.
- Ich möchte ihnen zeigen, daß sie unrecht haben und daß meine Einwände doch berechtigt sind.
- Ich möchte ihr helfen, ihr verletzendes Verhalten zu ändern.
- Ich möchte dieses Problem aus dem Weg räumen, damit es unsere Beziehung nicht mehr belastet.

Kommen wir noch einmal auf Martha und Bill zurück.

Nachdem Martha herausgefunden hatte, *warum* sie über ihre Mutter verärgert war, konnte sie entscheiden, *was* sie mit ihrem Ärger erreichen wollte: „Ich möchte mich mit meiner Mutter frei unterhalten können, ohne vom Fernsehen gestört zu werden. Und ich möchte lernen, an ihre Bedürfnisse zu denken und ihr zu geben, ohne von ihrer Anerkennung abhängig zu sein. Außerdem will ich mich nicht mehr so von ihren Bemerkungen abhängig machen, sondern zum Beispiel selbst in den Spiegel sehen um festzustellen, ob ich wirklich müde aussehe."

Als Bill klar geworden war, *warum* er sich geärgert hatte, konnte er sich ebenfalls auf die Frage konzentrieren, *was* er erreichen wollte: „Was ich will, sind klare Informationen, damit ich nicht auf der Grundlage von Gerüchten handeln muß. Und ich möchte nicht am Ende beide Freundschaften verlieren. Ich möchte verstehen, warum Sally mit meinem Freund ausgegangen ist. Und ihn will ich wissen lassen, daß ich mich betrogen fühle, ohne seine Freundschaft zu verlieren. Ich möchte alles so schnell wie möglich regeln, und zwar so gut, daß ich hinterher mit mir zufrieden sein kann und keine Schuldgefühle zu haben brauche."

Nun wissen beide, was sie mit ihrem Ärger erreichen wollen und können eine Strategie formulieren, um ihre Antworten in die Praxis umzusetzen. Um eine solche Strategie geht es im nächsten Kapitel.

Prinzip 4: Bewusst nachdenken

Wie kann ich bekommen, was ich will?

Sobald Sie wissen, *warum* Sie verärgert sind und *was* Sie mit Ihrem Ärger erreichen wollen, können Sie darüber nachdenken, *wie* Sie Ihre Ziele am besten erreichen. Sie brauchen eine Strategie als Richtschnur, um Ihren Ärger konstruktiv zu gebrauchen.

Ich setze voraus, daß es bei Ihren Zielen um Ihre langfristigen und höchsten Interessen geht. Dann werden Sie sich jedesmal, wenn Sie ein Ziel erreicht haben, als Sieger fühlen und es auch *sein.* Und dieser Sieg wird Ihnen eine Bestätigung sein, daß Ihre Strategie funktioniert, während Sie noch unterwegs sind.

Ich möchte Ihnen durch ein Beispiel zeigen, wie man eine Strategie entwickelt, um Ärger konstruktiv zu nutzen.

Stellen Sie sich vor, Ihr 18jähriger Sohn ist zum ersten Mal abends allein ausgegangen. Er hat das Familienauto genommen und versprochen, spätestens um Mitternacht zurück zu sein.

Als Sie um 22.45 Uhr ins Bett gehen, können Sie nicht einschlafen. Die Tatsache, daß er noch nicht so oft allein mit dem Wagen gefahren ist, beunruhigt Sie. Aber sobald er gegen

Mitternacht heimkehren wird, werden Sie bestimmt erleichtert einschlafen.

Doch um Mitternacht gibt es von Roland oder dem Auto noch keine Spur. Um 0.10 Uhr nehmen Sie sich vor, ihm Pünktlichkeit beizubringen, damit er nicht einfach zehn Minuten später kommt als vereinbart.

Um 0.30 Uhr ist das Thema Pünktlichkeit vergessen, und Ihr Ärger beginnt sich aufzustauen. Sie können einfach nicht glauben, daß Roland Ihre Gefühle und Ihre Vereinbarung so mißachten kann.

Um 1.00 Uhr wird Ihr Ärger von Sorge abgelöst. Sie machen sich ernsthaft Gedanken über seine Sicherheit – und die Sicherheit des Mädchens, mit dem er ausgegangen ist. Wenn er um 1.15 Uhr nicht zu Hause ist, wollen Sie ihre Familie anrufen, um festzustellen, ob Roland und ihre Tochter inzwischen dort angekommen sind. Sie sind echt besorgt.

Um 1.14 Uhr haben Sie die linke Hand schon am Telefon, als Sie das Auto in der Einfahrt hören. Zuerst empfinden Sie große Erleichterung. Daß er sicher nach Hause gekommen ist, sehen Sie als Gebetserhörung. Aber kaum ist dieses Gefühl der Erleichterung verflogen, steigt auch schon der Ärger in Ihnen hoch. Jetzt sind *Sie* das Problem.

Da kommt Ihr führerloser Zug! Sie fühlen sich, als würden Sie gleich explodieren und Ihren 18jährigen Sohn völlig fertigmachen, über den Sie vor zwei Minuten noch so besorgt waren.

Roland stellt das Auto sorgfältig in der Garage ab. Bis er ins Haus kommt, müssen Sie über vier entscheidende Fragen *nachdenken.* Zuerst müssen Sie sich mit Ihren gewohnheitsmäßigen Wutausbrüchen auseinandersetzen. Sie stehen vor der Herausforderung, diese Reaktion umzuleiten, weil Sie wissen, daß Explosionen meist destruktiv wirken und sich im wesentlichen als töricht erweisen.

Dann müssen Sie sich fragen, *warum* Sie wütend sind. Sie sind verletzt, weil Roland sich über Ihre Gefühle so wenig Gedanken gemacht hat. Sie sind frustriert, weil eine wirklich gute Vereinbarung gebrochen wurde. Und bis vor zwei Minuten hatten Sie schreckliche Angst, daß irgend etwas Schlimmes passiert sein könnte.

Drittens beschäftigen Sie sich damit, *was* Sie erreichen wollen, wenn Sie Ihren Ärger ausdrücken. Nehmen wir einmal an, daß Sie drei Ziele verwirklichen wollen: 1. Sie möchten sicher sein, daß Roland versteht und respektiert, wo Sie die zeitlichen Grenzen sehen. 2. Sie wollen sich vergewissern, daß er alle Vereinbarungen von nun an sorgfältig einhält. 3. Sie möchten ihm klarmachen, daß seine Verspätung Sie beunruhigt hat und daß Sie diese Sorge nicht noch einmal erleben wollen.

Zum Schluß denken Sie darüber nach, *wie* Sie diese drei Ziele am besten erreichen können. Hier sind einige Möglichkeiten, wie Sie es *nicht* schaffen werden:

- Ron demütigen und fertig machen. Das würde das Problem nur noch verschlimmern.
- Ihn bestrafen. Das führt selten zu positiven Ergebnissen.
- Versuchen, um 1.30 Uhr noch ein sinnvolles Gespräch zu führen. Das endet meist mit einer Standpauke und ein paar schroffen, vor sich hin gemurmelten Antworten.
- Die Sache auf später verschieben, aber dann nie wieder ansprechen.

Und hier sind einige Ideen, wie Sie effektiv vorgehen können.

- Begrüßen Sie Roland mit zwei Bemerkungen: „Ich bin erleichtert, dich zu sehen. Ich habe mir wirklich Sorgen um dich gemacht.“ Und: „Ich bin sehr aufgebracht über deine Verspätung, und ich möchte morgen früh um zehn mit dir darüber reden.“ Wenn er einen anderen Zeitpunkt vorschlägt, sollten Sie nach Möglichkeit darauf eingehen. Wichtig ist, daß Sie sich wirklich auf einen festen Zeitpunkt am nächsten Tag einigen.
- Bereiten Sie sich gut auf dieses Gespräch vor.

- Wenn Sie sich mit ihm treffen, lassen Sie ihn direkt zu Anfang wissen, daß Ihr Gespräch kurz sein kann – oder auch länger, wenn er es möchte. Roland braucht das Empfinden, daß er in diesem Punkt einen gewissen Einfluß hat.
- Nennen Sie ihm Ihre drei Tagesordnungspunkte (die Dinge, die Sie erreichen möchten).
- Erinnern Sie ihn daran, daß es eine Belohnung ist, wenn er das Auto haben darf, und daß Sie ihm diese Belohnung gern geben, wenn er seinen Teil Ihrer Vereinbarungen einhält.
- Machen Sie ihm klar, daß Sie in Zukunft von ihm erwarten, zeitliche und andere Vereinbarungen gewissenhaft einzuhalten.
- Hören Sie aufmerksam zu, wenn er reden will. Vergewissern Sie sich, daß Sie alles verstanden haben, was er sagen will.
- Behandeln Sie ihn mit Respekt.
- Seien Sie bereit, für Ihre eigene Rolle als Vater oder Mutter die volle Verantwortung zu tragen.

Eine solche Strategie bietet Ihnen reichlich Gelegenheit, Ihre Gedanken und Gefühle mitzuteilen. Außerdem kann Roland auch seine Reaktion ausführlich darlegen, und die wichtigen Punkte lassen sich klären.

An diesem Beispiel können Sie sich orientieren, um eine eigene Strategie zu entwickeln, wie Sie Ihre Ziele erreichen können.

Marthas und Bills Strategien auf dem Weg zum Ziel

Martha und Bill müssen Strategien entwickeln, wie sie die innere Erregung durch ihren Ärger so nutzen können, daß sie ihre Ziele auch erreichen. Dabei sind mehrere entscheidende Faktoren zu berücksichtigen:

- Die Persönlichkeit der wichtigsten Beteiligten
- Ihre besondere Beziehung zu diesen Personen
- Die Zeit, die zur Verfügung steht
- Die Beschränkungen der Situation
- Ihr Interesse daran, daß sich alles gut entwickelt.

Martha möchte zum Beispiel mit ihrer Mutter reden können, ohne unterbrochen zu werden. Sie weiß, daß ihre Mutter auf Kritik empfindlich reagiert. Martha ist ihr einziges Kind, und ihr Mann ist vor 18 Monaten gestorben. Martha hat an diesem Morgen genug Zeit. Außerdem weiß sie, daß dies nur eine von vielen Gelegenheiten ist, mit ihrer Mutter zusammen zu sein. Offensichtlich ist sie sehr stark daran interessiert, daß sich ihre Beziehung gut entwickelt – vielleicht zu stark.

Mit diesen Gedanken im Kopf entscheidet sich Martha, ein

Gespräch mit ihrer Mutter anzufangen, und dann ins Wohnzimmer zu gehen und den Fernseher leiser zu stellen. Zuerst versucht sie die Aufmerksamkeit ihrer Mutter zu gewinnen: „Mutter, wie war es gestern in der neuen Bridge-Gruppe?" Und als ihre Mutter zu antworten beginnt, stellt sie unauffällig den Fernseher leiser, so daß ihre Mutter das Gefühl bekommt, daß Martha sie nun besser versteht. Beide genießen es, ungestört reden zu können.

Marthas Strategie gegen ihre starke Abhängigkeit von ihrer Mutter ist kompliziert. Martha fühlt sich verletzt, weil ihre Mutter ihre Aufmerksamkeit nicht zu würdigen weiß und weil ihre Mutter meint, sie sähe müde aus. Sie erkennt jedoch, daß das im Grunde genommen ihr eigenes Problem ist, mit dem sie sich zu Hause in aller Ruhe beschäftigen sollte.

Am nächsten Tag beginnt Martha, eine Strategie dafür zu entwickeln und entscheidet sich für drei konkrete Schritte: Erstens will sie ausführlich in ihrem Tagebuch darüber nachdenken, zweitens will sie mit ihrer besten Freundin darüber reden, die mit ihrer eigenen Mutter sehr gut auszukommen scheint, und drittens will sie einmal in aller Ruhe mit ihrem Ehemann über diese Dinge sprechen.

In unserem zweiten Beispiel ging es um Bill. Nachdem er sich darüber klar geworden ist, was er erreichen will, denkt er über einige Faktoren nach. Zum Beispiel weiß er, daß Sally Erfahrung mit Gruppentherapie hat und eine offene Aussprache bevorzugt. Bill ist sehr daran interessiert, die Sache mit ihr durchzusprechen und weiß, daß Sally bereit ist, sich die nötige Zeit für ein offenes Gespräch zu nehmen. In bezug auf die Offenheit seines Freundes ist er nicht so sicher. Aber da sie schon lange befreundet sind, ist Bill zuversichtlich, daß ihre Aussprache positiv verlaufen wird.

Bill entscheidet, Sally sobald wie möglich zum Essen einzuladen und ihr schon vorher zu sagen, daß er einige Dinge mit ihr besprechen möchte. Er kennt ein gutes Restaurant außerhalb der Stadt, wo es ruhig, aber nicht zu ruhig ist, so daß sie ungestört miteinander reden können.

Er plant sich auf die Punkte zu konzentrieren, die ihm wirklich wichtig sind. Er möchte weder Sally noch seinem Freund die Schuld geben, sondern seine Gefühle so deutlich und so freundlich wie möglich darstellen, sich ihre Antworten aufmerksam anhören und dann nach einer Lösung suchen.

Bill hat ein gutes Gefühl bei dieser Strategie.

Strategien sind absolut notwendig, um einen konstruktiven Weg im Umgang mit Ärger einzuschlagen, besonders wenn diese Wege neu sind und jeder Schritt ein Abenteuer bedeutet. Allerdings müssen wir unsere Strategien auch umsetzen – und das ist das Thema unseres nächsten Kapitels.

PRINZIP 4:
BEWUSST NACHDENKEN

Drücken Sie den Start-Knopf

Eine Strategie für das Ausdrücken von Ärger, die auf einer sorgfältigen Analyse der Ursachen und Absichten Ihres Verhaltens beruht, ist immer von großem Wert. Und es kommt entscheidend darauf an, daß sie umgesetzt wird.

Aber manchmal sind damit Erfahrungen verbunden, denen Sie lieber aus dem Weg gehen würden. Die Versuchung, Ihre Strategie nicht umzusetzen, wird dann sehr stark. Strategien können eine große Herausforderung darstellen, wenn Sie zum Beispiel über sehr heikle und persönliche Dinge reden wollen oder in einer sehr schwierigen Angelegenheit zu Ihrem Chef gehen müssen. Und manchmal reden wir uns ein, daß ein offenes Gespräch nur unnötigen Wirbel verursachen würde, und hoffen einfach, daß sich die Angelegenheit von selbst klären wird.

Es ist gefährlich, so zu denken! Wenn Sie dieser Versuchung erliegen, geben Sie sich selbst auf. Wenn Sie Ihre Strategie nicht umsetzen, bleiben Verletzung, Frustration und Furcht ungelöst, und die Wahrscheinlichkeit nimmt zu, daß die Situation sich wiederholen wird.

Wenn wir den Ärger zwar analysieren, aber nie konstruktiv umsetzen, führt das unweigerlich zu unkontrollierten, destruktiven Reaktionen.

Das war bei Martha der Fall. Nachdem sie ihre Strategie entwickelt hatte, setzte sie nur den Aspekt um, der direkt mit ihrer Mutter zu tun hatte. Doch den anderen Teil ihrer Strategie, durch den sie ihre Abhängigkeit von ihrer Mutter bewältigen wollte, setzte sie niemals um. Heute ist ihr Problem mit der Abhängigkeit noch genauso stark und behindert sie in einer Reihe wichtiger Beziehungen.

Bill war weitaus erfolgreicher. Er sprach offen mit Sally und entdeckte, daß ihre Gefühle für ihn weit stärker waren als für seinen Freund. Durch sein konstruktives Vorgehen konnte er eine Beziehung zu Sally aufbauen, die durch tieferes Verständnis und größere Verbundenheit gekennzeichnet ist.

Bill ist genauso zufrieden damit, wie er seinen Ärger gegenüber seinem Freund bewältigt hat. Allerdings waren die Ergebnisse nicht genauso positiv. Es blieb zwar keine Feindschaft zwischen ihnen zurück, aber ihre Freundschaft wurde nie wieder so innig wie vorher. Doch Bill gefällt die Art, wie sie beide miteinander über dieses schwierige Thema gesprochen haben; keiner von ihnen behielt Schuldgefühle oder angestauten Ärger zurück.

Das Fazit lautet also: Wenn Sie eine Strategie entwickeln, wie Sie Ihren Ärger ausdrücken wollen, um Ihre Ziele zu erreichen, müssen Sie auch wirklich den Start-Knopf drücken. Eine Strategie, die das Ergebnis klaren, sorgfältigen Nachdenkens ist, wird auf jeden Fall zu Fortschritten führen. Sie verdient es, umgesetzt zu werden.

Lernen Sie, dem „Mistkerl“ zu vergeben

Sie können lernen, Ihren Ärger konstruktiv auszudrücken. Und das kann Ihr Leben gewaltig verändern. Doch selbst wenn Sie den richtigen Umgang mit Ärger gelernt haben, stehen Sie noch vor weiteren Herausforderungen, die Ihren stärksten Einsatz erfordert: Sie müssen vergeben lernen. Vergebung ist außerordentlich wichtig.

Und zwar aus folgenden Gründen: Ihr körperlicher Erregungszustand, den wir als „Ärger“ bezeichnet haben, löst sich auf, wenn sie ihn effektiv bewältigen. Sie sind danach frei von Ärger, und genau das soll natürlich erreicht werden. Je früher, desto besser.

Aber derselbe körperliche Zustand stellt sich später erneut ein, wenn Sie über den Anlaß Ihres Ärgers nachgrübeln. Während Sie sich an das erinnern, was Sie beleidigt oder verletzt hat, können Sie sich von neuem in einen Wutanfall hineinsteigern.

Das passiert unweigerlich, solange Sie diese Erfahrung nicht völlig loslassen. Und ich kenne dafür keinen besseren Weg, als denen zu vergeben, die Sie beleidigt haben. Wenn Sie das tun, werden Sie sehr davon profitieren. Denn Sie brauchen nicht mehr ärgerlich zu werden, wenn Sie an diese schmerzliche Erfahrung denken. Natürlich profitieren auch die anderen davon, denn Ihre Beziehungen zu ihnen werden sich auf jeden Fall verbessern.

Vergebung bietet viele Vorteile:

- Sie befreit Sie von Verletzung, Frustration, Furcht und anderen schwierigen Erfahrungen der Vergangenheit.
- Sie vermindert das Auftreten von Ärger in Ihrem Leben. Denn keinem schmerzlichen Erlebnis wird es gestattet, mehr als einmal Ärger hervorzurufen.
- Sie macht Sie frei, sich – bewußt und unbewußt – auf die Gegenwart zu konzentrieren, und das führt zu einem erfolgreicheren und lohnenderen Leben.
- Sie läßt Ihre Beziehungen zu anderen Menschen wachsen und sich weiterentwickeln.

Doch viele von uns empfinden Vergebung als schwierig. Irgendwie erscheint sie uns unnatürlich. Niemand hat uns beigebracht, wie man vergibt. Und meistens wollen wir anderen auch gar nicht vergeben, sondern an dem Eindruck festhalten, daß man uns unrecht getan hat.

So machen wir aus einer Beleidigung eine ganze Kette schmerzhafter Erfahrungen. Durch unsere mangelnde Vergebungsbereitschaft vervielfachen wir unseren Schmerz und büßen unsere Freiheit ein mit allem, was sie uns zu bieten hat.

Vergebung läßt sich lernen, denn Sie *haben* die Fähigkeit zu vergeben. Worauf es noch ankommt, ist folgendes:

- Ein tiefes Empfinden der *inneren Sicherheit,* das es Ihnen ermöglicht, sich selbst und andere frei zu lassen, ohne an Selbstsicherheit zu verlieren.
- Konsequentes *Nachdenken,* das sich ausführlich für die Vergebung ausspricht und dabei auch all das anerkennt, was Vergebung für Ihr Glücklichsein bewirken kann.
- Ein starker *Wille,* der auf Einsicht beruht; die feste Ent-

schlossenheit, alles zu tun, um völlige Vergebung zu erreichen.

- Die *Bereitschaft,* sich in den anderen hineinzuversetzen. Dazu werde ich Ihnen im nächsten Kapitel einige Vorschläge machen.

Ein letzter Punkt: Warum der „Mistkerl“ im Titel? Weil wir oft so gegenüber Menschen empfinden, denen wir vergeben müssen. Wenn wir ihnen vergeben haben, nennen wir sie vielleicht immer noch „Mistkerl“, aber das Wort bekommt dann einen völlig anderen Klang – einen Klang, in dem Verständnis und Zuneigung mitschwingen. Und das ist die Freude am Vergeben.

Was empfindet der andere jetzt?

Der Gedanke ist uralt: „Alles verstehen heißt alles vergeben."

Wenn Sie verstehen, warum andere sich so unausstehlich verhalten, werden Sie unweigerlich feststellen, daß Sie weniger Ärger ihnen gegenüber empfinden und ihnen leichter vergeben können. Jede Neigung, Ihren Ärger aggressiv auszudrücken, wird deutlich zurückgehen, wenn Sie den Schmerz des anderen nachempfinden können. Wir spüren dann, daß der andere uns sehr ähnlich ist, und es wird uns schwerfallen, ihn noch irgendwie zu verletzen.

Außerdem haben psychologische Studien nachgewiesen, daß die *körperliche Anspannung* durch eine verstandesmäßige Klärung der Situation, die den Ärger ausgelöst hat, deutlich nachläßt.

Charles und Wanda Taylor suchten bei mir Hilfe für ihre Ehe, die nach vielen schmerzhaften Erfahrungen, die sie einander vergeben hatten, erkaltet war. Ich kann mich noch an das erste Treffen erinnern. Sie verhielten sich steif und formell, waren fast unfähig, einander in die Augen zu sehen oder miteinander zu reden. Wenn sie überhaupt redeten, was nicht sehr oft geschah, dann sahen sie mich an. Ihre Worte waren kalt und verletzend wie Gewehrkugeln. Ihre Ehe stand kurz vor dem Zusammenbruch, und beide litten schrecklich darunter.

Während der folgenden Wochen wurde deutlich, daß die Taylors ständig wütend aufeinander waren. Sie konnten endlose Beispiele aufzählen, wie der andere darin versagt hatte, sie zu verstehen, zu lieben, einfach „da“ zu sein oder sich um sie zu kümmern. Sie waren so damit beschäftigt, ihren Groll zu schüren, daß sie gar nicht merkten, wie sie sich mit ihrem Haß selbst quälten.

Zuerst versuchte ich, das Eis in dieser Beziehung aufzutauen, und nutzt dazu jedes Mittel, das mir zur Verfügung stand. Weil sie aktive Christen waren, zitierte ich immer wieder Bibelstellen wie die Aufforderung Jesu, einander zu vergeben: „Und wenn er siebenmal am Tag an dir sündigen würde und siebenmal wieder zu dir käme und spräche: Es reut mich!, so sollst du ihm vergeben“ (Lukas 17,4). Und die berühmte Anweisung des Apostels Paulus: „Und ertrage einer den andern und vergebt euch untereinander, wenn jemand Klage hat gegen den andern; wie der Herr euch vergeben hat, so vergebet auch ihr!“ (Kolosser 3,13).

Allmählich begann das Eis zu tauen. Ich hörte beiden aufmerksam zu, um jeden von seinem eigenen Standpunkt aus zu verstehen. Mit der Zeit konnten sie ihre Bitterkeit aufgeben und von meinem Vorbild profitieren; sie begannen zuzuhören und versuchten, einander zu verstehen.

Ich spürte, jedesmal wenn sie in der Lage waren, ein wenig zu verstehen, konnten sie auch ein wenig vergeben. Und wenn sie vergaben, fühlten sie die Freiheit, wieder lieben zu können. So entwickelte ihre wachsende Liebe eine gewisse Eigendynamik.

Verstehen führt zu Vergeben, Vergeben führt zu Liebe, Liebe bringt uns einander näher, und um diese Nähe der Beziehung geht es in einer gesunden Ehe.

Charles und Wanda Taylor sind wieder glücklich miteinander – zwar nicht ohne Probleme, aber gut ausgerüstet, um ihre Probleme durch ehrliche Gespräche und aufrichtige Bemühungen aufzuarbeiten.

Aber wie entwickelt man die Fähigkeit, sich in den anderen hineinzuversetzen und die Situation von seinem Standpunkt aus zu sehen? Wenn das Verständnis für die Gefühle und Gedanken des anderen für Vergebung so wichtig ist, wie lernt man es dann?

Aufgrund meiner Erfahrung bin ich zu der Schlußfolgerung gekommen, daß es zwei Grundvoraussetzungen gibt, um diese Fähigkeit zu erwerben. Außerdem habe ich vier hilfreiche Übungen gefunden, die Sie vielleicht auch durchführen möchten. Die zwei Grundvoraussetzungen, um Einfühlungsvermögen entwickeln zu könen, lauten:

1. Sie müssen den anderen aufrichtig *verstehen* wollen.

2. Sie müssen *geduldig* sein und warten können, daß der andere sich nach und nach öffnet, wann er es will.

Die vier Übungen, durch die Sie lernen können, sich in andere hineinzuversetzen, sind leicht durchzuführen:

1. Arbeiten Sie innerlich an der Einsicht in das Verhalten anderer Menschen, bevor Sie irgendwelchen Ärger empfinden. Denken Sie darüber nach, welche Vorteile es hat zu wissen, was der andere fühlt und denkt, wenn sein Verhalten Ihren Ärger auslöst. Es ist wichtig zu erkennen, welche Bedeutung das Einfühlungsvermögen für die Vergebung hat und wie wichtig Vergebung ist, damit Sie zu dem Menschen werden können, der Sie sein wollen.

2. Bemühen Sie sich darum, jedem Menschen, der Ihren Ärger auslöst, in der Haltung zu begegnen: „Ich möchte verstehen, was du fühlst."

2. Fragen Sie die anderen, was sie empfinden, *während* Sie über ihr Verhalten verärgert sind. Geben Sie sich alle Mühe, ihre Gefühle zu verstehen, auch wenn Sie Ärger ihnen gegenüber empfinden.

4. Versuchen Sie das, was Sie hören, zusammenzufassen, und fragen Sie den anderen, ob Ihre Zusammenfassung korrekt ist. Bitten Sie um Klärung für Punkte, die er sagen wollte, die Sie aber nicht mitbekommen haben.

Vergebung kann Wunder für *Sie* wirken. Sie werden frei, in der Gegenwart zu leben. Und dort ist ein erfülltes Leben am ehesten zu finden.

Gegenseitiges Verständnis und *gegenseitige Vergebung* sind das höchste Ideal. Wenn Sie anderen Menschen helfen können, Ihre Seite zu verstehen, dann werden auch sie fähig, Ihnen zu vergeben. Teilen Sie den anderen deshalb mit, wie Sie die augenblickliche Situation empfinden, damit es ihnen leichter fällt, sich in Ihre Lage zu versetzen und Ihnen zu vergeben.

Kein Weg zur Vergebung ist gradliniger oder echter als das Verständnis. Wenn Sie lernen, sich in andere einzufühlen und diese Fähigkeit zu nutzen, kann das Ihren Umgang mit anderen Menschen völlig verändern. Diese Eigenschaft ist aller Mühe wert, die man aufbringen muß, um sie zu entwickeln.

PRINZIP 5:
DIE VERGANGENHEIT ZURÜCKLASSEN

Das Gefühl, es geschafft zu haben

Wenn Sie an den Punkt kommen, eine bestimmte Fähigkeit zu beherrschen, stehen Sie an der Schwelle zur Freude – besonders wenn diese Fähigkeit für Ihre innere Erfahrung von großer Bedeutung ist. Wenn Sie lernen, richtig mit Ihrem Ärger umzugehen, bedeutet das, daß Sie auf den Fahrersitz gestiegen sind und die Kontrolle über Ihr Leben übernommen haben.

Außerdem ist es wahrscheinlich, daß die Beherrschung Ihres Ärgers sich auch auf andere Bereiche ausdehnt. Sie beginnen zu erkennen, welches Potential in Ihnen liegt: Sie sind in der Lage, alle starken Emotionen in den Griff zu bekommen.

Das Trainingsprogramm, das Ihnen helfen sollte, Ihren Ärger konstruktiv zu nutzen, ist jetzt abgeschlossen. Wenn Sie es in Ihrem Leben umsetzen, werden Sie spürbare Fortschritte erzielen – davon bin ich überzeugt. Ich weiß, daß das Programm funktioniert.

Aber ich kann mir vorstellen, daß Sie vielleicht noch skeptisch sind, weil Ärger schon so viele Jahre lang ein Problem für Sie ist. Vielleicht haben Sie sich gefragt, ob das Programm auch in Ihrer besonderen Situation funktionieren kann.

Ich möchte Ihnen etwas vorschlagen. Stellen Sie ein Programm für sich selbst zusammen, so wie ich es beschrieben habe. Fangen Sie direkt damit an und geben Sie sich erst einmal einen Monat Zeit. Wenn es dann offensichtlich funktioniert, nehmen Sie noch einen Monat hinzu. Falls Ihre destruktiven Verhaltensmuster tiefer verursacht sind, müssen Sie noch wesentlich länger dabeibleiben, um Experte zu werden: mindestens sechs Monate.

Und noch etwas. Ich habe Ihnen diese Vorschläge in einer Reihenfolge gegeben, die ich für wichtig halte. Eine Übung baut auf der anderen auf. Wenn Sie mit den Übungen zum Selbstwertgefühl beginnen, dann zur Klärung Ihrer Werte übergehen, anschließend mit dem Tagebuch arbeiten und so weiter, wird das Programm am effektivsten sein.

Sie wissen also jetzt, wie Sie Ihren Ärger zu einem wichtigen Potential machen und erfolgreich leben können. Während Sie dieses Programm in Ihr Leben integrieren, werden Sie merken, daß Sie es immer mehr in den Griff bekommen. Wenn Ärger für Sie in der Vergangenheit ein großes Problem war, dann wissen Sie, welche Erleichterung und Freude diese Fähigkeit mit sich bringt.

Falls Sie wirklich nicht frei werden können, suchen Sie eine gute Therapie

Einige destruktive Verhaltensmuster sind schwerer auszuradieren als andere. Wenn Sie zum Beispiel schon sehr früh gelernt haben, jede bewußte Wahrnehmung von Ärger zu leugnen, kann es sein, daß Ihr Körper oft stundenlang angespannt war, ohne daß es eine Erleichterung gegeben hätte. Dieses Verhaltensmuster kann zu einer Gewohnheit geworden sein, die nur schwer zu überwinden ist.

Wenn Sie sich angewöhnt haben, Ihren Ärger zu leugnen, verstärken Sie dieses Verhalten wahrscheinlich ständig. Sie sind darüber erleichtert, daß Sie Ihren Ärger nicht ausgedrückt haben und nicht die Verantwortung für die Folgen tragen müssen. Daher entwickeln Sie auf einer sehr niedrigen Ebene des Bewußtseins die Erwartung, diese Erleichterung immer wieder zu erleben, wenn Sie Ärger leugnen.

Aber dadurch steht Ihr Körper ständig unter Spannung. Und weil die Ursache der Anspannung – Verletzung, Frustration oder Furcht – nie gelöst wird, indem Sie Ihren Ärger konstruktiv nutzen, verstärkt sich die destruktive Tendenz.

Damit sind Sie ein Mensch geworden, mit dem man nur schwer zurechtkommt – auch Sie selbst. Es ist schwer, Sie davon zu überzeugen, daß Sie überhaupt Ärger empfinden. Selbst nach einem Fall von Magengeschwüren, der Überweisung durch den Internisten an einen Psychologen oder Psychiater und schließlich der Diagnose „Aggression, die sich gegen den eigenen Körper richtet", bestreiten Sie Ihren Ärger noch: „Ich! Ärgerlich? Ich ärgere mich nie!" Und nachdem Sie dieses Buch gelesen und das Programm ausprobiert haben, fühlen Sie sich immer noch nicht richtig gesund. Ihr Problem widersetzt sich Ihren stärksten Bemühungen.

Es gibt noch weitere Probleme im Zusammenhang mit Ärger, die sehr schwer zu überwinden sind. Wenn Sie unter einem dieser hartnäckigen Probleme leiden, möchte ich Sie ermutigen, sich einer guten Psychotherapie zu unterziehen. Falls Sie sich nicht in der Lage sehen, mit dem hier vorgestellten Programm zu beginnen, brauchen Sie vielleicht nur etwas Hilfe und Motivation von außen. Und sollten Sie feststellen, daß Sie Ihren Ärger auf ungewöhnlich destruktive Weise äußern und sich oder andere damit verletzen, dann brauchen Sie eventuell sofort Hilfe.

Doch welche Art von Hilfe brauchen Sie? Nach was für einem Helfer sollten Sie sich umschauen?

Ich glaube, daß die meisten Menschen Hilfe dabei brauchen, genau das umzusetzen, worüber ich in diesem Buch gesprochen habe. Sie brauchen jemanden in ihrer Nähe, der messerscharf beobachtet, auf einfache Fehler hinweist, Ermutigung anbietet und Sie motiviert.

Ein Psychotherapeut, wie ich ihn empfehlen würde, sollte folgende Eigenschaften haben:

1. Eine solide fachliche Qualifikation

2. Aufrichtiges Mitgefühl und Einfühlungsvermögen

3. Erfahrung mit Menschen, die unter Problemen durch falschen Umgang mit Ärger leiden

4. Erfahrung mit Trainingsprogrammen zur Verhaltensänderung

Ich möchte Sie ermutigen, sich nicht gebrandmarkt zu fühlen oder zu schämen, wenn Sie die Hilfe eines Fachmanns für ein seelisches Problem in Anspruch nehmen müssen. Falls Sie mit einem äußerst widerspenstigen Verhaltensmuster zu kämpfen haben, ist es sehr wahrscheinlich, daß Sie es schon in sehr früher Kindheit gelernt haben und daß es methodisch verstärkt wurde. Viele Menschen brauchen einfach die Hilfe eines Fachmanns, um etwas zu überwinden, das so tief verwurzelt ist.

Der entscheidende Punkt ist Ihre Entschlossenheit, destruktive Gewohnheiten im Umgang mit Ärger abzulegen. Diese Gewohnheiten können durchbrochen werden! Ein guter Psychotherapeut kann Ihnen eine unschätzbare Hilfe in Ihrem Kampf sein, aus Ihrem Ärger ein konstruktives Werkzeug zu machen und Frieden zu finden.

Eine Welt, die ihren Ärger beherrschen kann

Ich träume von einer Welt, die ihren Ärger beherrschen kann und ihn zur Lösung von Problemen benutzt, die unweigerlich dort aufkommen, wo Menschen zusammenleben. Der Bösartigkeit, die unsere Beziehungen so oft vergiftet, wird ein Ende gesetzt, und die Hauptprobleme unserer Gesellschaft, die auf unserem falschen Umgang mit Ärger beruhen, werden drastisch vermindert.

Ist es absurd, von solch einer Welt zu träumen? Glauben Sie, daß sie im Rahmen des Möglichen liegt? Ich halte es zwar nicht für sehr wahrscheinlich, aber immerhin für möglich.

Ich bin überzeugt, daß nichts für unsere Umgebung so hilfreich wäre wie ein umfassender Plan, unseren Ärger zu zähmen. Wenn wir uns selbst und anschließend auch vielen anderen Menschen helfen könnten, Ärger konstruktiv zu nutzen, dann könnten wir eine Bewegung ins Leben rufen, die unaufhaltsame Kreise ziehen würde. Das ist sicherlich ein Ziel, von dem es sich zu träumen lohnt.

Was ist dazu nötig?

Ohne Zweifel liegt die Antwort bei jedem einzelnen. Unsere Welt wird ihren Ärger nie beherrschen können, solange wir es nicht können. Eine einfache Tatsache ist dabei wichtiger als alle anderen: Wir werden durch unseren Ärger unendlich mehr verletzt als durch den irgendeines anderen Menschen.

Angenommen, Sie haben Ihren Ärger in den Griff bekommen. Dann hängt die Frage, ob Ihre Umgebung den Ärger beherrschen kann, jetzt von den Bemühungen derjenigen Menschen ab, die Ihnen besonders nahestehen: Ihr Ehepartner, Ihre Eltern, Ihre Freunde oder Ihre Kinder. Ihre Umgebung wird sehr davon profitieren, wenn jede Person auf dieser Liste zum Experten im Umgang mit Ärger wird.

Über unsere kleine, persönliche Welt hinaus gibt es dann noch die größere Umgebung und schließlich die ganze Welt. Ob sie ihren Ärger in den Griff bekommt, hängt von gewaltigen nationalen und internationalen Bemühungen ab. Unzählige Menschen auf der ganzen Welt müssen erkennen, daß ihre Unfähigkeit, mit Ärger richtig umzugehen, wahrscheinlich die größte Bedrohung für die Gesellschaft darstellt.

Ich glaube, daß dieses Bewußtsein wächst. Die Statistiken über Eheprobleme, Kindesmißhandlung, körperliche und seelische Mißhandlung älterer Menschen, Gewaltverbrechen, psychosomatische Leiden und internationale Krisen sind so dramatisch, daß die Menschen aufmerksam werden. Wenn Experten über die Ursachen dieser Tragödien diskutieren, höre ich viele sagen: „Es ist unsere Unfähigkeit, mit unserem Ärger richtig umzugehen. Wir sind Opfer der falschen Annahme, daß unser Ärger aggressiv zum Ausdruck kommen muß. Wir wissen einfach nicht, wie wir Probleme konstruktiv lösen können."

Wenn dieses Bewußtsein die Machtzentralen dieser Welt erreicht, wird die Bereitschaft wachsen, Schlüsselpersonen unserer Gesellschaft richtig auszubilden. Ich möchte hier zehn Gruppen anführen, bei denen ich es für besonders wichtig halte, daß sie lernen, richtig mit ihrem Ärger umzugehen:

1. *Werdende Eltern.* Sie müssen lernen, ihren eigenen Ärger konstruktiv auszudrücken und ihren Kindern dasselbe beizubringen.

2. *Kindergartenkinder.* Sie müssen durch effektive Methoden, gute Vorbilder und Verstärkung lernen, ihren Ärger nicht aggressiv auszudrücken, sondern konstruktiv zu verwerten.

3. *Personen, die Kinder, Ehepartner oder ältere Menschen mißhandeln.* Sie sollten gerichtlich aufgefordert werden, ein komplettes Trainingsprogramm für einen konstruktiven Umgang mit Ärger zu durchlaufen.

4. *Aggressive Gesetzesübertreter, die gewalttätig geworden sind.* Auch ihnen sollte vom Gericht ein Trainingsprogramm vorgeschrieben werden.

5. *Polizeibeamte.* Ein gutes Trainingsprogramm für diese Gruppe ist bereits von Dr. Raymond Novaco[8] entwickelt worden.

6. *Oberschüler.* Der richtige Umgang mit Ärger sollte Teil ihres Pflichtunterrichts werden.

7. *Psychologen, Psychiater und andere Berater.* Die Lehre über Ursachen und Auswirkungen aggressiver Verhaltensweisen sowie über geeignete Trainingsprogramme für Verhaltensänderungen muß in ihre Ausbildung integriert werden.

8. *Andere Berufsgruppen.* Zur Verbesserung ihrer Lebensumstände müssen ihre Kenntnisse und Fertigkeiten im Bereich des konstruktiven Umgangs mit Ärger erweitert werden.

9. *Menschen, die vor größeren Veränderungen stehen.* Seminare und Lehrveranstaltungen für Menschen, die heiraten oder sich beruflich verändern wollen, sollten ein geeignetes Trainingsprogramm mit einschließen.

10. *Mitarbeiter in jedem Bereich der Massenmedien.* Sie sollten wirksam darauf vorbereitet werden, diese Art der Schulung an größere Gruppen von Menschen weiterzugeben.

Die Ausbildung dieser Gruppen würde aggressive Reaktionen beträchtlich verringern. Danach könnten wir uns auf andere Einflüsse konzentrieren, die zu destruktiven Ausdrucksweisen von Ärger beitragen. Sportliche Wettkämpfe, bei denen Aggression im Mittelpunkt steht, wie American Football oder Eishockey, sind Beispiele für Aktivitäten, die wegen ihres Vorbildcharakters unter die Lupe genommen werden sollten.

In der Einleitung habe ich kurz auf die Freude hingewiesen, die Menschen erleben, wenn sie ihre Probleme konstruktiv lösen. Ohne Frage ist Freude die schönste aller menschlichen Erfahrungen. Wer sich freut, erlebt tief in seinem Inneren, unabhängig von äußeren Umständen, ein reiches Glücksgefühl. Ich kenne Menschen, die auch im körperlichen Leiden zur Freude gefunden haben. Wie ist das möglich? Wie kann man in einer Zeit wie dieser leben und gleichzeitig Freude erfahren?

Ich bin überzeugt, daß die Antwort im Beherrschen des Ärgers zu finden ist. Wenn Sie das gewaltige Potential, das durch Ärger freigesetzt wird, zur Lösung der Probleme Ihres Lebens nutzen, erkennen Sie plötzlich, daß Sie sich aus dem Griff verletzender und frustrierender Erfahrungen befreien können. Und diese Freiheit wird Sie mit Freude erfüllen; das Erreichen Ihrer Ziele wird Ihnen geradezu ein Hochgefühl vermitteln.

Aber erkennen Sie, worauf es ankommt? Wenn Sie sich weiter auf die schmerzlichen Erfahrungen in Ihrem Leben konzentrieren, wie können Sie da Freude empfinden? Und wenn Sie Ihren Ärger nicht effektiv einsetzen, um diese Erfahrungen zu verarbeiten, wie können Sie davon frei werden? Ich behaupte sogar, daß es Ihnen gar nicht möglich ist, Freude zu erleben, bis Sie gelernt haben, konstruktiv mit Ihrem Ärger umzugehen.

Wenn Sie aber lernen, Ärger zu beherrschen, geschieht folgendes:

- Sie sind in der Lage, effektiv mit Verletzungen, Frustration und Furcht in Ihrem Leben fertigzuwerden. Das macht den Weg zur Freude frei.
- Sie erleben sich selbst als jemanden, der Erfolg hat und angemessen mit seinem Leben umzugehen versteht.
- Sie betrachten sich nicht mehr als Opfer äußerer Umstände. Ihr Leben wird nicht mehr von anderen Menschen bestimmt.
- Sie sind Herr über Ihre Empfindungen und Reaktionen.

Wir leben in einer schwierigen Welt und stehen regelmäßig vor komplizierten zwischenmenschlichen Problemen. Aber wir können die Fähigkeit entwickeln, konstruktiv mit diesen Situationen umzugehen.

Wenn wir lernen, unseren Ärger positiv zu gebrauchen, können wir den Ursachen unseres Leidens auf den Grund gehen und werden zur Freude befreit.

Ich hoffe, daß Sie bereits angefangen haben, diese Freude zu erleben. Um dieser Freude willen lohnt sich alle Mühe, die Sie auf sich genommen haben, um Ihren Ärger in den Griff zu bekommen.

Anhang

Anmerkungen

1 M. A. Strauss, R. J. Gelles und S. K. Steinmetz, *Behind Closed Doors,* New York 1981.

2 L. Luborshy, J. P. Docherty und S. Penick, „Onset conditions for psychosomatic symptoms: A comparative review of immediate observation with retrospective research“, in: *Psychosomatic Medicine,* 1973, 35, 187–204.

3 J. Sandler und J. Quagliano, „Punishment in a Signal Avoidance Situation“, Arbeitspapier der *Southeastern Psychological Association* in Gatlinburg (Tennessee, USA), 1964.

4 M. E. P. Seligman, S. F. Maier und J. H. Geer, „Allevation of Learned Helplessness in the Dog“, in: *Journal of Abnormal Psychology,* 73, Nr. 3 (1968), 256–262.

5 A Bandura, *Aggression: A Social Learning Analysis,* Englewood Cliffs (New Jersey) 1973.

6 T. I. Rubin, *The Angry Book,* New York 1969.

7 G. R. Bach und H. Goldberg, *Creative Aggression,* Garden City (New York) 1974.

8 R. W. Novaco, „Training of Probation Counselors for Anger Problems“, in: *Journal of Counseling Psychology,* 27 (1980), 385–390.

Über den Autor

Neil Clark Warren promovierte als Doktor der Psychologie an der Universität zu Chicago und ist Mitbegründer der *Associated Psychological Services* in Pasadena, Kalifornien. Er war Dekan der *Graduate School of Psychology* am *Fuller Theological Seminary.* Heute betreibt er eine Beratungspraxis und hält in den Vereinigten Staaten Seminare über den konstruktiven Umgang mit Ärger. Dem deutschen Leser ist er bereits bekannt geworden durch sein Buch: „Wie finde ich den Partner fürs Leben? 10 Prinzipien für die Wahl des richtigen Partners“, Verlag Schulte & Gerth.

Florence Littauer
Einfach typisch
Die vier Temperamente unter der Lupe

Haben Sie auch schon mal Ihr Auto im Parkhaus vergessen? Oder sind Sie mehr der Typ, der sogar den Urlaubskoffer nach einem exakten Plan packt und nie etwas vergißt?
Von den vier Temperamentstypen – Sanguiniker, Choleriker, Melancholiker und Phlegmatiker – haben Sie bestimmt schon etwas gehört. Aber wußten Sie auch, daß es richtig Spaß machen kann, etwas über Ihr eigenes Temperament herauszufinden?
Ein umfassender Temperaments-Test und viele humorvolle Anekdoten führen Sie auf unterhaltsame Weise an jedes Temperament und seine besonderen Eigenschaften heran. Dabei können Sie auch Ihr ganz individuelles, unverwechselbares Persönlichkeitsprofil erkennen.
Einfühlsam und prägnant verdeutlicht die Autorin, wie die jeweiligen Temperamentsanteile Ihre ganze Lebensauffassung beeinflussen. Sie erfahren, wie Sie Ihre persönlichen Stärken ausbauen und die Schwächen abmildern können – und ganz nebenbei wird auch Ihr Verständnis für die Eigenheiten Ihrer Mitmenschen wachsen.
Dies ist kein Buch, durch das Sie sich mühsam hindurcharbeiten müssen, sondern auf anschauliche Art bekommen Sie ganz verblüffende Erkenntnisse über das Wesen „Mensch" vermittelt.

Paperback, 220 Seiten
Bestell-Nr. 15 278

Chris Thurman
Du kannst es nicht jedem recht machen!

Es gibt Lebenslügen, die uns wie die reine Wahrheit erscheinen – dabei haben sie zerstörerische Auswirkungen auf unser Denken und Verhalten. Doch ebenso gibt es auch Lebens-Wahrheiten, Aussagen, die jeder von uns schon gehört oder selbst getroffen hat. Doch ist uns wirklich bewußt, daß diese Redensarten Wahrheiten enthalten, die wir glauben sollten, ja, die wir sogar glauben müssen, um emotional gesund zu werden und zu bleiben?
„Irren ist menschlich", betonen wir – und kommen über die eigenen „unverzeihlichen" Fehler nicht hinweg.
„Man kann es nicht jedem recht machen", nicken wir – und verzweifeln fast bei dem Versuch, mit jedem gut Freund zu sein.
In diesem Buch stellt Dr. Chris Thurman zwölf zeitlose Wahrheiten vor und erläutert anhand von lebensnahen Beispielen, wie wichtig es ist, diese Wahrheiten zu erkennen, zu akzeptieren und in die Tat umzusetzen. Das ist eine große Herausforderung; doch es lohnt sich, sie anzunehmen – und ein Leben in innerer Sicherheit, Zufriedenheit und Gesundheit zu führen.

Paperback, 215 Seiten
Bestell-Nr. 15 252

Hemfelt/Minirth/Meier
Mut zur Liebe

Wir sehnen uns nach erfüllten Beziehungen, und dennoch verstricken wir uns allzuoft in schmerzliche Konflikte – nicht nur mit unserem Ehepartner, sondern auch mit unseren Kindern, Freunden und Kollegen.
Aber woran liegt es, wenn wir trotz unserer ehrlichen Bemühungen daran scheitern, zu anderen ein ausgewogenes und befriedigendes Verhältnis zu finden? Möglicherweise sind wir schon von Kindheit an in einem Kreislauf gefangen, dessen Stationen sich ständig wiederholen: dem Kreislauf der Kodependenz – der Abhängigkeit von zwanghaften Verhaltensweisen.
Doch, wenn diese Einflüsse unser Leben auch lange Zeit im Griff hatten – es gibt die Möglichkeit, sich daraus zu befreien! Die Autoren haben ein erprobtes und geistlich fundiertes Programm entwickelt, das in zehn Schritten den Weg aus der Kodependenz weist. Sie machen uns Mut, schädliche Abhängigkeiten zu überwinden und gesunde Beziehungen aufzubauen – Mut zur Liebe.

Paperback, 358 Seiten
Bestell-Nr. 15 210

Chris Thurman
Lügen, die wir glauben
Der Grund Nr. 1 für unser Unglücklichsein

Kaum zu glauben, welchen Lügen wir in den unterschiedlichsten Lebensbereichen auf den Leim gehen: „Du bist schuld, daß ich nicht glücklich bin!“, „Ich muß perfekt sein!“, „Du mußt alle meine Bedürfnisse erfüllen!“, „Gott wird mich vor allem Übel bewahren!“ . . .
Die Heimtücke der Lebens-Lügen besteht eben darin, daß sie uns so lange schaden, wie sie uns als die reine Wahrheit erscheinen. Damit vernebeln sie uns die wirklich freie Lebensgestaltung. Aber mit fachkundiger Hilfe kann dieser Schleier vor dem wahren Lebensglück zerrissen werden!

Paperback, 218 Seiten
Bestell-Nr. 15 149